知識ゼロからの
会社の見直し方

THE WAY OF REVIEWING THE COMPANY

ソフトブレーン・サービス株式会社取締役会長
小松弘明

- 会社を永続させる第一の条件は経営理念
- 人材の確保と適切な人員配置
- やる気を引き出すには、どうすればよいか
- 公正・公平な評価のしてみるだけで、生産性が向上
- 仕事を〝作業〟に分解するだけで、生産性が向上
- 生産能力が低い〝ボトルネック〟を解消する
- 自社を取り巻く環境を調査する
- 自社の強みを知ることが戦略策定の前提
- 中核事業の活性化を図れ
- 結果を出すためには目標・目的を明確にせよ

はじめに

「自分の会社は果たしていい会社なのか、今のままでいいのか?」

経営者は、自分が進める経営戦略・事業推進の方向が、果たして正しいのか、常に悩み、考えています。顧客に支持され、永続的に発展する企業を創造していくためには、カリスマ的な経営者がいるというだけではとても解決できない課題が多く出現する経営環境が、目の前に広がっています。

また、社員にとっても、自分が所属する会社はこの先どうなるのだろう、このままでいいのだろうかと、不安になることが多い時代になってきたのではないでしょうか。ひとたび大きい会社に入れば一生安泰だという価値観は、もはや幻想にすぎないと皆が気づきはじめたのです。

そこで、本書は、今の会社を「よりよい会社」にしていくために、経営者・社員がともに何をすべきなのか、会社を発展させていくためのポイントは何なのかを、わかりやすく解説していきます。混迷する時代を幸せに生きていくビジネスライフの羅針盤になればという思いで執筆しました。一読すれば、あたかも健康診断のように自分の会社の問題点を見直すことができるはずです。

本書が、会社経営者の方に限らず、管理職の方や一般社員の方、そして、これから就職をしようという学生の方にとっても、役に立つエッセンスをお届けできれば幸いです。

ソフトブレーン・サービス株式会社取締役会長
日本売れる仕組みづくり一般財団 理事　小松弘明

知識ゼロからの会社の見直し方 　目次

はじめに……………………………………………………………… 1

序章
企業を成長させるための必須項目 ── 8

- なぜ若手も中堅も経営者的な視点を持つことが大切なのか？ … 10
- よい会社にするために必要なこととは？………………………… 12
- 会社を見直す8つのキーワード…………………………………… 14

第1章
ダイジェストで見る 会社の一生 ── 16
──会社の誕生から終焉まで

1. 会社の出発点は出資者と経営者……………………………… 18
2. 会社の存在意義は地域・社会への貢献……………………… 20
3. 会社を永続させる第一の条件は経営理念…………………… 22
4. 会社をつくるのは難しくない
   ──起業・創業…………………………………………………… 24
5. 起業当初の経営戦略が会社の存続を決める………………… 26
6. 株主総会、取締役会は会社の意思決定機関………………… 28
7. 人・モノ・金・情報・時間を活用して利益を生み出す………… 30
8. 第二の柱（製品・サービス）をつくれ………………………… 32

9	会社の部門を増やして専門性を高める………………………	34
10	危機を突破して、安定軌道に乗せる ──会社の危機　………………………………………………	36
11	会社にも終焉がある ──経営破綻・廃業・倒産………………………………………	38

第2章
企業は人なり
──組織・人事管理

40

1	競争力に差がつくマネージメント ──組織・人事管理の重要性　…………………………………	42
2	企業ブランドやイメージを決める「企業文化」……………	44
3	最高の組織づくりのために ──組織設計と役割分担　…………………………………………	46
4	人的資源を最適に分配する組織構造・形態とは　…………	48
5	人材の確保と適切な人員配置　………………………………	50
6	成果のあがる組織をつくるには　……………………………	52
7	やる気を引き出すには、どうすればよいか　………………	54
8	人材を集め、育成する ──人事の本質とは　………………………………………………	56
9	公正・公平な評価のしくみをつくる　………………………	58
10	やる気と成長を促す目標管理（MBO）　……………………	60

第3章
製造工程の最適化をはかる — 62
——生産管理

- **1** 生産管理とは? ……………………………………………………… 64
- **2** モノづくりのプロセス
  ——受注から納品までの流れ ……………………………… 66
- **3** 仕事を"作業"に分解するだけで、生産性が向上 ………… 68
- **4** 生産の効率をあげるプロセスマネージメント ……………… 70
- **5** 管理のキモとなるPDCAサイクルとは? …………………… 72
- **6** 生産管理の3本柱は品質・コスト・納期管理 ……………… 74
- **7** 生産管理の急所は納期管理 ………………………………… 76
- **8** 環境、コンプライアンスにも配慮 …………………………… 78

第4章
物流のムダをなくす — 80
——ロジスティックス

- **1** モノの移動をコントロール
  ——物流管理 ………………………………………………… 82
- **2** 物流全体を最適化する
  ——ロジスティックス ………………………………………… 84
- **3** ロジスティックスからサプライチェーンマネージメントへ …… 86
- **4** ロジスティックスの効率をUP!
  ——プロセスマネージメント ………………………………… 88
- **5** 調達・生産プロセスを効率化
  ——カンバン方式 …………………………………………… 90

- **6** 生産能力が低い"ボトルネック"を解消する ………………… 92
- **7** 非ボトルネックを解決し工程を平準化させる ………………… 94
- **8** プロセスの全体最適には調整型マネージャーの出番 ………… 96

第5章 「売れるしくみ」をつくる ──マーケティング 98

- **1** 売れるために何をすべきか?
  ──マーケティング …………………………………………… 100
- **2** 欲求・願望を満たすには
  ──顧客のニーズ① …………………………………………… 102
- **3** 顧客の潜在的欲求を探る
  ──顧客のニーズ② …………………………………………… 104
- **4** マーケティングもプロセスマネジメントの対象 …………… 106
- **5** 自社を取り巻く環境を調査する
  ──マクロ環境分析 …………………………………………… 108
- **6** よりダイレクトで影響が大
  ──ミクロ環境分析 …………………………………………… 110
- **7** 市場をグループに分けて絞り込む
  ──セグメンテーション ……………………………………… 112
- **8** 標的となる顧客層を決める
  ──ターゲッティング ………………………………………… 114
- **9** 独自性をアピールする
  ──ポジショニング …………………………………………… 116
- **10** ツールを組み合わせて活用
  ──マーケティング・ミックス ……………………………… 118

- 11 企業の根幹を支える営業のプロセスマネージメント ………… 120
- 12 顧客との信頼関係を築け
  ――既存顧客の「深耕」 ………………………………………… 122
- 13 顧客の問題を解決
  ――ソリューション営業 ……………………………………… 124
- 14 独自の手法が要求される生産財(BtoB)マーケティング …… 126

第6章 企業の方向性を決める ――経営戦略　128

- 1 「経営戦略」は企業の行き先を示す羅針盤 ………………… 130
- 2 自社は"何屋"なのかを定める ……………………………… 132
- 3 自社の強みを知ることが戦略策定の前提 ………………… 134
- 4 他社に負けない競争優位性を確立する …………………… 136
- 5 規模に応じた競争優位戦略を構築せよ …………………… 138
- 6 中核事業の活性化を図れ …………………………………… 140
- 7 新たな事業を戦略的に展開
  ――多角化戦略 ………………………………………………… 142
- 8 人・モノ・金を適正に配分する資源配分戦略 …………… 144
- 9 環境の変化が事業の再構築を迫る ………………………… 146
- 10 変化に素早く対応できる戦略組織をつくる ……………… 148

第7章
人と組織を動かす指導力 ―――150
―――リーダーシップ

1. 経営の成否はリーダーシップで決まる …………………… 152
2. リーダーにカリスマ性は必要か …………………………… 154
3. リーダーとマネージャーの役割は異なる ………………… 156
4. 管理型マネージャーから変革型リーダーへ ……………… 158
5. 企業文化の醸成が最重要課題 ……………………………… 160
6. よきリーダーになるためには動機づけを理解せよ ……… 162
7. 結果を出すためには目標・目的を明確にせよ …………… 164
8. 優れたリーダーは権力ではなく、影響力で人を動かす … 166

おわりに　会社を発展させるために必要なこと ……………… 168
索引………………………………………………………………… 170
参考文献…………………………………………………………… 175

序章
企業を成長させるための必須項目

企業にとって、どうすれば成長できるのかというのは永遠のテーマ。経営の見直しというと途方もなく大きな難題のように感じるかもしれないが、本来経営とはとてもシンプルなもの。細かい数字にとらわれず、大まかに全体をつかみ、自然体の発想で問題をとらえていけば、成長するための手がかりが見つかるはずだ。

経営の見直しといわれても私にはまだ早すぎるのではないかと非常にとまどっています

従業員一人ひとりの意識が組織を変えていくんだ

会社というものは経営陣だけの考えで動くものではない

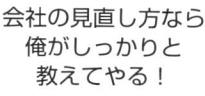

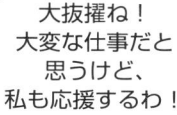

なぜ若手も中堅も経営者的な視点を持つことが大切なのか？

　よく若手従業員に「給料は誰が払っているの？」という質問をすると、多くの従業員が「会社です」と答えることがある。
　しかし、これは大きな間違いだ。答えは「**顧客**」である。会社は顧客から得る利潤の一部を給料や賞与という形で"配分"しているのである。自社の商品・サービスが顧客に支持され、購入されるからこそ、生活の基盤の一つである給料も支払われるのである。

次回の経営会議ではキミが現場で感じたリアルな顧客の反応について話してくれるか？

顧客に接し モノづくりの現場にいる者には自分が会社の顔だと思うくらいの気概がほしい

経営陣がいくら「顧客第一」といっても限界があるからな

ハイ!!!
お願いしますっ!!

多くの会社が「**顧客第一主義**」を掲げるが、これは何も、経営者だけのスローガンではない。全従業員一人ひとりの、意識と行動に表れることが必要なのである。

一方、1日に10時間働くとして、およそ40年勤めるとすると、一生のうちの膨大な時間を企業活動に費やすことになる。会社員であれば、人生のうちの半分は企業活動を通じて社会に接しているといっても過言ではない。この観点からも、会社自体が「社会的存在」であるといえる。

近年「**CSR（企業の社会的責任）**」が重要視される時代になってきたが、この背景には、経営者であろうと若手であろうと、全員が社会の一員としての責任ある企業活動を展開しなければならないとする考え方がある。

すべての従業員が「社会的責任とは何か」を考えながら仕事をすすめることは、会社の存在意義を高め、永続的な会社の存続・成長につながるのである。

経営とは、いかに会社を社会から支持される存在にしていくのかを考え、実行していくことにほかならない。

若手〜中堅の従業員はまず、自分を会社に認めてもらうことを目標にするだろうが、「会社に認められる」ということは「**社会に認められる**」ということと同義であるということを忘れないでほしい。

職務をまっとうするということは、社会の一員として責任を果たすことでもあるのである。

よい会社にするために必要なこととは？

会社を起こすならば、あるいは働くならば、よい会社にしたい。では、よい会社となるためには何が必要なのだろうか？

すべてにおける基盤となるのが、**普遍的な経営理念**だ。経営理念は、会社の存在意義と目的からなり、会社の価値観を表すとともに規範ともなる。経営理念が浸透すれば、従業員一人ひとりの組織活動におのずと表れていくだろう。

そして第1に、**効率的な組織運営の方策**だ。具体的には、マーケティングと営業（販売）までの流れが体系化・標準化され、効率的な運営が常に実施されていることが望ましい。

第2に、**人材育成のしくみ**だ。効率的な組織運営の方策を推し進めるためには、これを確立させる必要がある。人材育成については頭を悩ませる会社も多く、単なるOJT（On-the-Job Training＝企業内教育）による育成にとどまらず、企業内学校まで運営する会社もあるほどだ。

最後に、**企業活動のベクトル＝ビジョンが明確**であることだ。これができている会社は、目標に対して全員が同じ方向に進むことができている。

強い組織の条件とは…

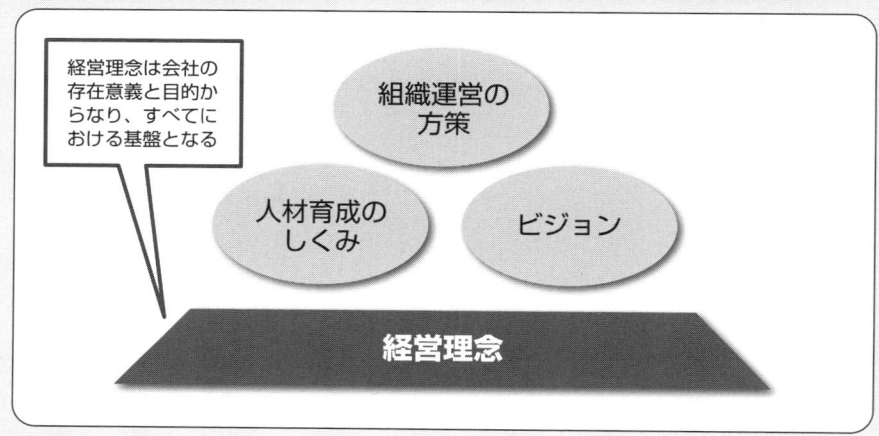

明確な目標のある会社は、各部門間のつながり（役目）が明確で、発生する課題を共通課題としたうえで、部門同士が協力して解決に向かっていく企業文化を持っている。だからこそ、課題を早く発見し、健全に解決していくことができるのだ。

　また、企業活動は、常に危機にさらされているといっても過言ではないが、よい会社では、「危機」を乗り越える人材が多く存在する。人づくりの面からいえば、「健全な危機感」を常に持ち、課題解決の努力を絶えず実行する人材を育成している会社がよい会社だといえるだろう。

健全な危機感がないと…

健全な危機感があると…

会社を見直す8つのキーワード

　会社は「法人格」を持つというように、あたかも「人格」があるように考えることができる。

　仮に、会社を「人」として考えてみよう。「企業理念・ビジョン」が"魂"に当たるとすると、"肉体"に当たる部分が「各部門・部署」であり、その各部門をうまく機能させる"神経の動き"が「マネージメント」に当たるといえるだろう。

　会社を見直すキーワードは、大きく8つに分けられる。**①経営理念・ビジョン**、**②経営戦略**、**③リーダーシップ**、**④マーケティング・営業・販売**、**⑤生産管理**、**⑥財務・会計**、**⑦ロジスティックス**、**⑧組織・人事**だ。それぞれについて人体の機能に置き換え、健康診断や能力検査で善し悪しを判別できると仮定すると、診断項目は右ページの図のようになる。

　人体に置き換えて考えてみると、各部門がバラバラに動いているとダメなことがよく理解できる。会社は常に肉体と精神を効率よく鍛えながら、外部環境にあわせて生きている生き物だ。だから、外的・内的にかかわらず、周りで発生している事実、つまり情報を管理する巧拙が重要になる。

　また、そこで働く人材は筋肉のようなものなので、ジムでトレーニングするときのメニューのような組織・人事管理のしくみが整備されている必要があるというわけだ。

診断項目について一つずつ検査し問題が発見されれば改善をはかるわけだ

会社の見直しは健康診断のようなものさ

注目したい8つのキーワード

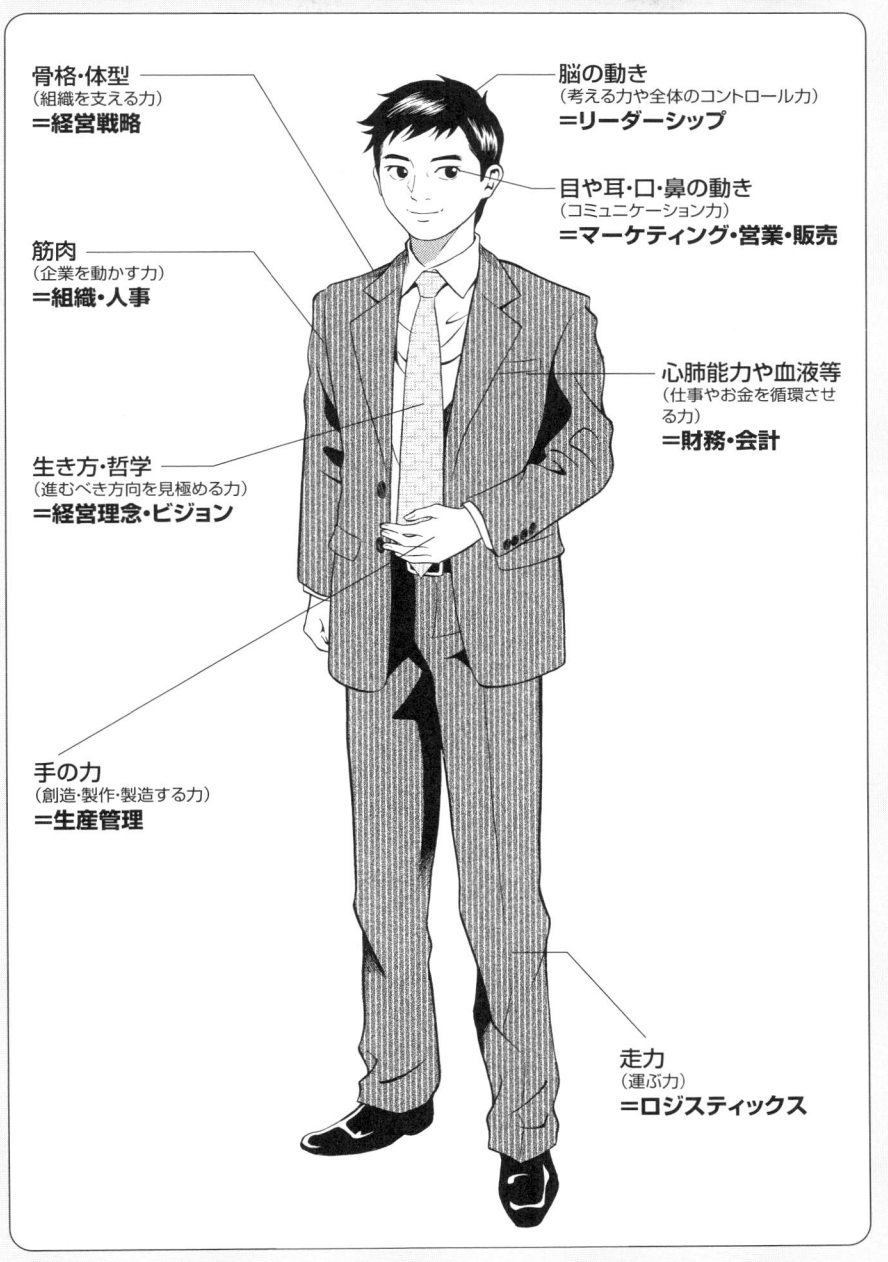

第1章
ダイジェストで見る 会社の一生
──会社の誕生から終焉まで

会社はどのように誕生するのか、どのように肥大化していくのか、そして、どのように衰退していくのかを知れば、会社はどんな人たちの力によって成り立っているのか、会社にとって何が大切か、といったことがおのずと見えてくる。会社のしくみと一生を理解することは、経営を知るうえで基盤となることなのだ。

会社の誕生から終焉まで

1 会社の出発点は出資者と経営者

| 創業期 | 成長期 | 安定期 | 成熟期 | 衰退期 |

株式会社のおおもとは出資者だ
出資者がお金を出して初めて会社が誕生する

経営者はそのお金を使って従業員を雇い商品やサービスを生み出していくのだ

18

第1章　ダイジェストで見る 会社の一生

お金を出す人と事業を動かす人の出会い

　世界最初の会社は1600年、イギリスに生まれた**東インド会社**であることは世界史の授業などでよく知られている。東インド会社には、お金を出す人と事業を動かす人という役割の分担が見られた。お金を出す人を**出資者（投資家・資本家）**、事業を動かす人を**経営者**と呼ぶ。

　日本で会社組織が誕生したのは19世紀半ばのことで、坂本龍馬らが組織した亀山社中（後の海援隊）がルーツといわれる。19世紀の終わりになると、行商のように売り歩いたり、職人がつくったものをお店に並べておいたりするだけのスタイルから、盛んに組織で企業活動を行うところが出てきた。このころ、事業にお金を出す投資家・資本家と、事業を実際に運営する経営者、給与をもらって雇用される従業員という株式会社の基本構造が確立した。

世界最初の会社、東インド会社の経営の流れ

　東インド会社は出資者たちから、お金を集めて貿易を行い、儲けが出たら資本を残して利益だけを出資者（＝株主）たちに分配するという、今日の株式会社と同じスタイルをとっていた。東インド会社の経営者たちは現代の企業と同様に、航海（プロジェクト）のたびに少しずつ資本の額を上乗せし、貿易の回数や量を増やして事業をどんどん大きくしていったのだ。

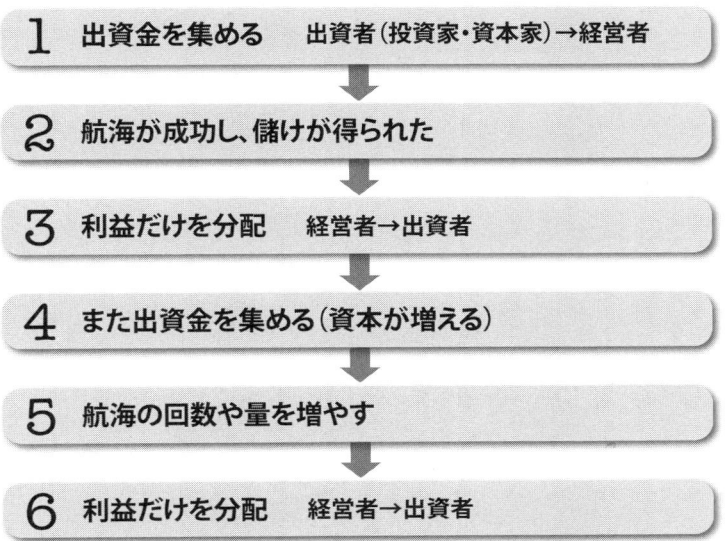

会社の誕生から終焉まで

② 会社の存在意義は地域・社会への貢献

| 創業期 | 成長期 | 安定期 | 成熟期 | 衰退期 |

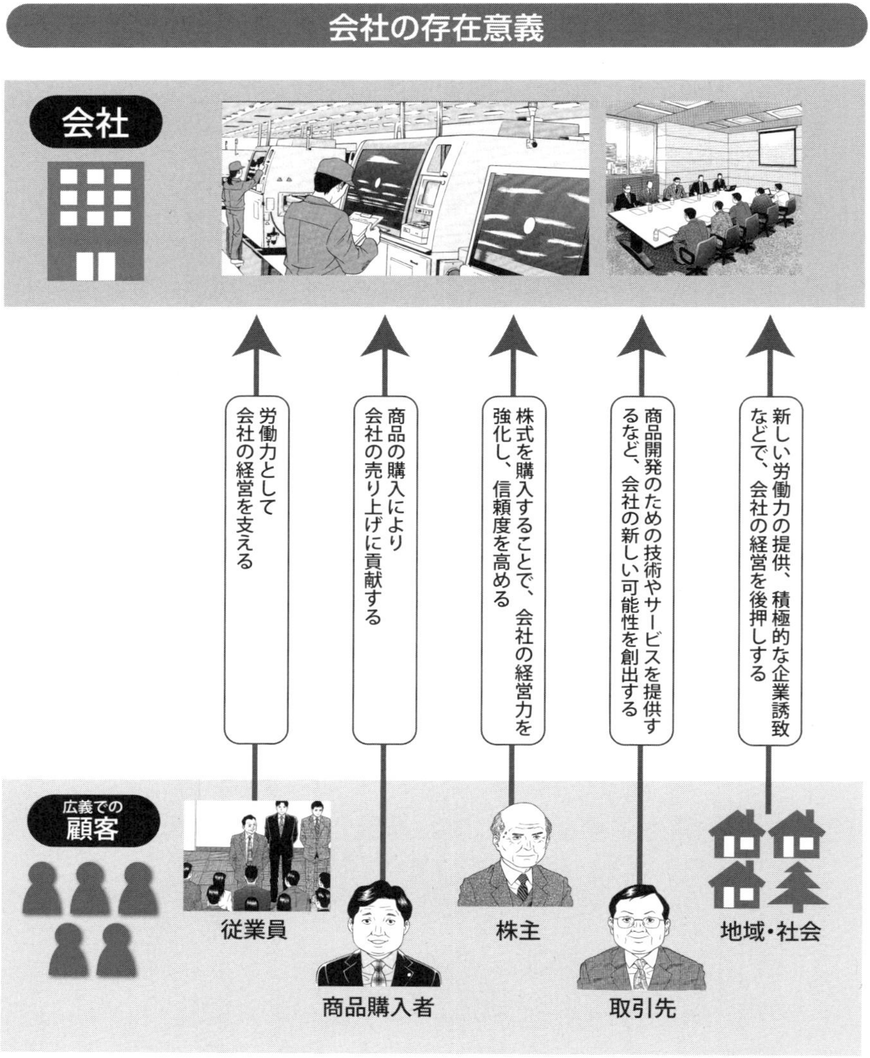

会社の存在意義

会社

広義での**顧客**

- **従業員**：労働力として会社の経営を支える
- **商品購入者**：商品の購入により会社の売り上げに貢献する
- **株主**：株式を購入することで、会社の経営力を強化し、信頼度を高める
- **取引先**：商品開発のための技術やサービスを提供するなど、会社の新しい可能性を創出する
- **地域・社会**：新しい労働力の提供、積極的な企業誘致などで、会社の経営を後押しする

顧客・地域・社会からの支持がなければ、会社は長く続かない

　そもそも会社とは何のために存在しているのだろうか。永続性のある会社と数年でつぶれてしまう会社とは、どのような違いがあるのだろうか。結論からいえば、企業の大きさによる差ではなく、顧客の支持を受けているかどうかという一点に尽きる。顧客の支持がなければ、会社は長くは続かないものだ。

　ここでいう顧客とは、商品の購入者だけではない。顧客を広く考えれば、株主・従業員・取引先などの**ステークホルダー**（その企業と利害が関係している者）や地域・社会なども含まれる。地域・社会に貢献し、それらの支持があってこそ、会社は存在する価値があるのだ。会社の目的は利益追求ではあるが、顧客・地域・社会からの支持の結果として利益があると考えるべきだ。

利益と顧客・地域・社会の支持は表裏一体

　利益と顧客・地域・社会の支持はクルマの両輪だ。利益があがらず、将来への投資がままならない企業に革新は起きず、次第に顧客（市場）の支持を失い、あるいは外的な環境変化の影響を受け、衰退していく。

　会社自体が社会的な存在で、社会の構成要素のひとつであると考えれば、会社の重要性と存在理由を理解しやすい。社会が成り立つひとつの要因として会社が存在し、それぞれが役割を果たしているからだ。会社はよりよい社会に貢献するために存在しているのである。

会社の誕生から終焉まで

3 会社を永続させる第一の条件は経営理念

| 創業期 | 成長期 | 安定期 | 成熟期 | 衰退期 |

経営理念から経営計画・行動計画まで

経営理念
会社の経営哲学を表したもの

↓

ビジョン
経営理念を具現化した目標

↓

経営戦略
目標を定め、優先順位を示すもの

↓

経営計画・行動計画
経営戦略を実現するための計画

上位レベル（抽象的）

下位レベル（具体的）

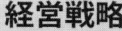

優れた経営戦略は優れた経営理念から生まれるんだ

経営理念と企業文化

　経営理念の実現が企業文化にまで高められた企業は強い。こうした企業文化は「一日にしてならず」だけに、起業したときから経営理念の作成、企業文化の醸成に真剣に取り組まなければならない。
　経営理念は企業の存在意義と目的からなり、会社の価値観を表すとともに規範ともなる。ビジョンは「期限つきの夢」というべきもので、経営理念を具現化した目標。それを数値化・具体化したものが経営戦略、経営計画だ。

経営理念の実現を企業文化にまで高める

　「企業の寿命は30年説」が唱えられたこともあったように、どんな企業でも、いつかは衰退、消滅の危機がやってくる。
　ところが、30年どころか、生身の人間の寿命をはるかに超える優良企業が、いくつも存在する。こうした企業に共通しているのは永遠に追求し続ける経営理念があり、その**経営理念**を実現していくための**ビジョン**が示され、達成するための**経営戦略**、**経営計画・行動計画**が明確にされていることだ。
　さらに、会社の全構成員が価値観を共有することが必要だ。顧客・株主・取引先などのステークホルダーに対してだけでなく、お互いに責任を持って参加（コミットメント）し、励ましあい、注意しあって、経営理念・ビジョンを実現するための努力を続けることが求められるのだ。

会社の誕生から終焉まで

4 会社をつくるのは難しくない――起業・創業

| 会社の一生 | **創業期** | 成長期 | 安定期 | 成熟期 | 衰退期 |

会社の設立手続きは商業登記法に定められている

　起業の最初のステップは会社の株主になる意思のある人を1人以上決め、**発起人**とすることだ。発起人は事務所の賃貸費用など開業に必要な資金（資本金）も準備する。

　会社の設立手続きは**商業登記法**という法律に定められている。まずは商号（会社の名前）や事業目的、設立時の取締役などを決めなければならない。

　次に**定款**を作成し、公証役場で認証してもらう。定款とは会社の基本事項をまとめた文書で、法務局に登記されることで、**商業登記簿謄本**という会社の戸籍のようなものになる。謄本ができることで、法人としての資格が与えられ、法人取引ができたり、会社として銀行に口座を開設したりする道が開かれる。

※株主の全員が発起人である場合を「発起設立」、発起人以外に株主を募集する場合を「募集設立」という。個人が起業する場合、大半は発起設立。

「資本金1円」でも会社設立が可能

　かつては債権者（その会社にお金を請求する権利を持っている人物・団体・会社）を保護するため、会社設立時には最低限の資本金を用意するよう、商法で定められていた（株式会社1000万円、有限会社300万円など）。

　その後、時限的措置で最低資本金額が下げられた後、2006年5月1日に施行された新「会社法」で最低資本金制度自体が廃止され、「資本金1円」でも会社をつくることが可能になった。

第1章 ダイジェストで見る 会社の一生

設立登記までのプロセス

ステップ1：基本事項の検討
会社の基本事項について検討する。
●検討事項
発起人　商号(社名)　事業目的(事業の内容)　本社所在地　公告の方法　資本金
発行可能株式総数　1株あたりの価額　設立時取締役　決算日　運営方法

ステップ2：定款の作成
定款とは会社の経営全般に関する基本事項を定めたもので、すべての会社に作成が義務づけられている。
●絶対的記載事項(必ず記載しなければいけない事項)
商号(社名)　事業目的(事業の内容)　本社の所在地
設立に際して出資される財産の価額または最低価額　発起人の氏名・住所

ステップ3：定款認証
定款を作成し製本したら、公証役場へ行き、公証人の認証を受ける。

ステップ4：資本金の払い込み
定款認証が完了したら、出資金を金融機関(発起人の口座)に払い込む。

ステップ5：取締役等の機関の選任
取締役や監査役に就任する人を決定し、就任の承諾を得る。

ステップ6：登記申請(この日が会社の設立日となる)
必要書類をすべてそろえ、登記所(法務局)で登記申請を行う。申請が受理されれば会社設立となり、登記申請日が会社設立日になる。
●登記申請をするために必要な書類の一例
1. 登記申請書
2. 発起人決定書または発起人会議事録
3. 取締役就任承諾書・監査役就任承諾書
4. 払込証明書
5. 資本金の額の計上に関する証明書(現物出資がある場合)
6. 取締役の調査書・財産引き継ぎ書(現物出資がある場合)
7. 登記すべき事項を記載したテキストファイルを格納したCD-ROMまたはOCR用紙

設立後は関係官公署への届け出を行う。届け出先としては税務署、都道府県税事務所、労働基準監督署、公共職業安定所(ハローワーク)、年金事務所、市町村役場などがある。

5 起業当初の経営戦略が会社の存続を決める

| 創業期 | 成長期 | 安定期 | 成熟期 | 衰退期 |

競争相手より優れている点をつくれ

　起業することは誰でもできるといっても過言ではない。ただし、存続させることは難しい。生き物と同様、苛酷な生存競争にさらされ、倒産や廃業に追い込まれる場合もある。会社を成長させていくことができれば、経済効果や雇用を生み出し、税金を払い、社会的存在意義を高め、地域や社会に貢献することもできる。

　起業して成功するかどうかは、おおむね**商品（製品・サービス）選び**にかかっている。別段、まったく新しい商品である必要はないが、品質、機能、技術、価格、マーケティングのやり方、広告・宣伝力、販売ルート、販売方法、セールステクニック、販売員の力量、ロケーション（店舗の位置）、アフターサービスなど、競合する会社・商品より、なにかしら優れている点を築けなければ、成功はおぼつかない。

日本の開業率と廃業率の推移

開業率と廃業率を比べると、事業所数ベースでも、企業数ベースでも、近年は廃業率のほうが開業率を上回っている。起業を後押しする風土・社会にしなければ、日本の未来は暗い。

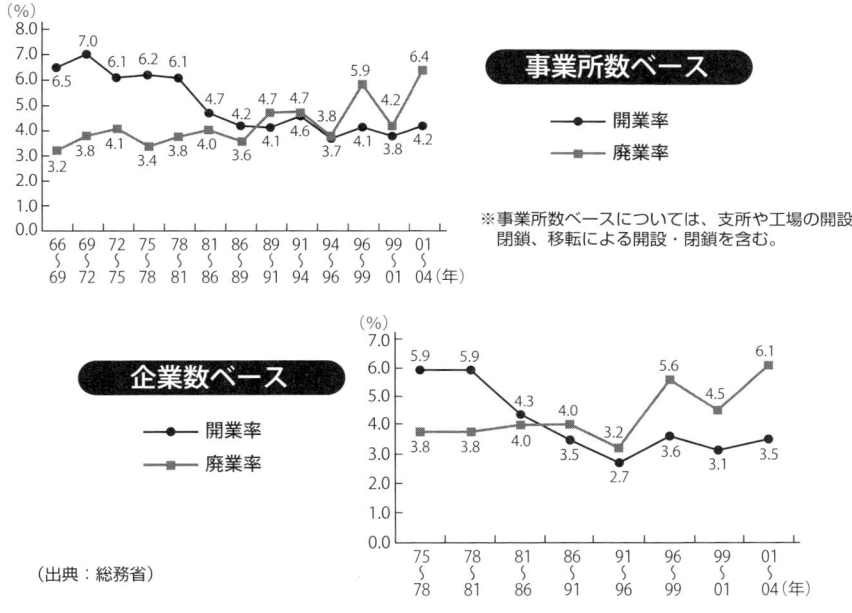

(出典：総務省)

米国の新規開業の失敗率の推移

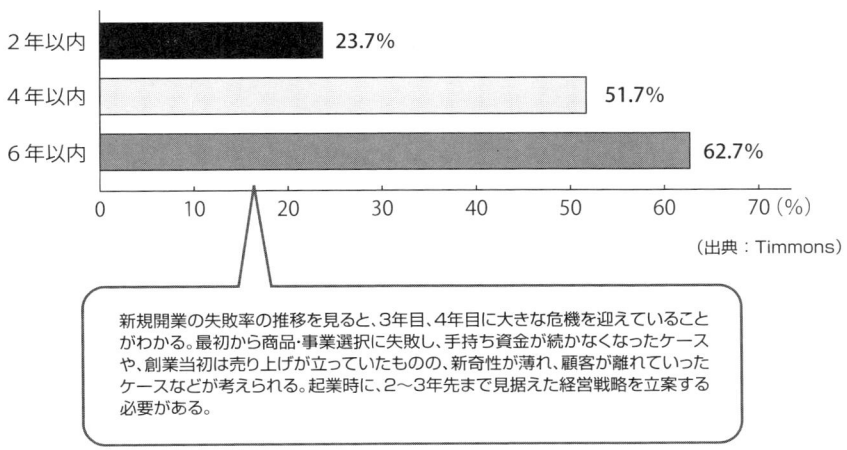

(出典：Timmons)

新規開業の失敗率の推移を見ると、3年目、4年目に大きな危機を迎えていることがわかる。最初から商品・事業選択に失敗し、手持ち資金が続かなくなったケースや、創業当初は売り上げが立っていたものの、新奇性が薄れ、顧客が離れていったケースなどが考えられる。起業時に、2～3年先まで見据えた経営戦略を立案する必要がある。

会社の誕生から終焉まで

⑥ 株主総会、取締役会は会社の意思決定機関

| 創業期 | **成長期** | 安定期 | 成熟期 | 衰退期 |

会社経営は株主総会、取締役（会）、監査部門が行う

　会社も人間と同様、意思決定を行い（今後、どうするのかを決め）、その意思決定をもとに、さまざまな企業活動を行っている。

　では、会社の意思決定はどのように行われるのだろうか。そのしくみを具体的に説明すると、機関と組織に分かれ、会社の最高意思決定機関は**株主総会**、通常の業務執行にかかわる意思決定は株主から選ばれた**取締役（会）**が担当する。株主総会で決めなければならないことは取締役の選出や株式にかかわること（配当や会社の合併・解散など）。会社法で、決議すべき事項や決定のしかたまでもが決められている。

　取締役会の意思決定や企業行動をチェックし、勝手な判断や間違った活動を正す役割を担っているのが**監査部門**。監査役（会）、監査委員（会）が務めることが多い。

会社の最高意思決定機関は株主総会
日常業務にかかわる意思決定は取締役会が行っている

そして、取締役会の暴走をチェックするしくみが監査役や委員会設置会社だ

第1章　ダイジェストで見る 会社の一生

会社の意思決定機関

株主総会、取締役（会）、監査部門、委員会設置会社の関係は以下のようになっている。

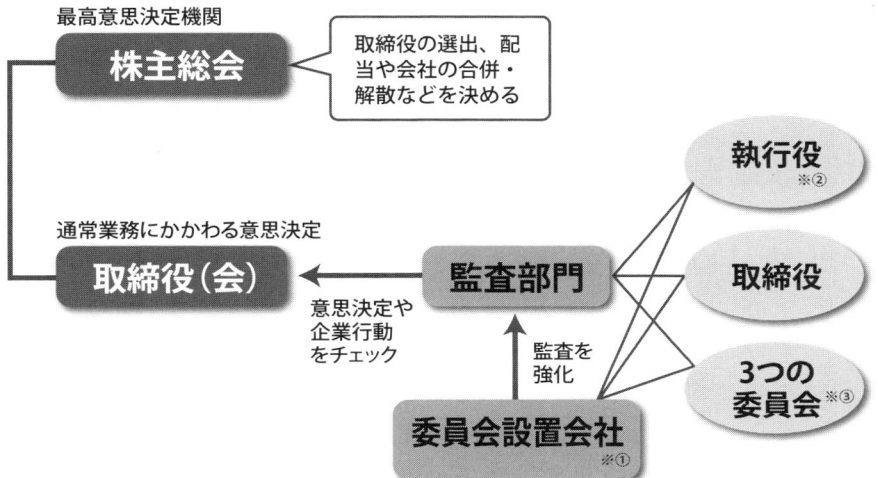

①委員会設置会社
　監査役は会計内容や取締役の仕事を第三者的に監査するが、機能していない場合もある。そこで、会社法では取締役会の監査・監督の強化を目的に「委員会設置会社」の形態をとることが認められた。委員会設置会社は、業務を執行する「執行役」と、それを取り締まる「取締役」、執行役・取締役を監査・監督する「3つの委員会」から構成されている。それぞれの委員会は3人以上の取締役が参加し、過半数を社外取締役にする必要がある。

②執行役
　会社の業務執行を行う幹部従業員の役職。会社法の執行役とは異なる。取締役が兼任することもある（例：代表取締役兼執行役員社長）。取締役会の意思決定を迅速に実行したり、業務を取り締まる責任と業務を執行する責任を分けたりするため、取締役ではない幹部従業員を役員待遇にして業務担当とする制度。日本ではソニーが1997年に初めて執行役員制度を導入した。取締役への就任は株主総会の承認が必要だが、執行役員の任用は株主総会の承認を必要としない。

③3つの委員会
　「指名委員会」「監査委員会」「報酬委員会」の3つを指す。指名委員会は取締役の選任案や解任案を作成し、株主総会に提出するもので、監査委員会は取締役の業務上の意思決定を監査したり、執行役員の業務内容を監査したりする機関。報酬委員会は取締役・執行役の報酬について、方針や案を作成し、株主総会に提出する役割を担う。

会社の誕生から終焉まで

人・モノ・金・情報・時間を活用して利益を生み出す

会社の一生： 創業期 | 成長期 | **安定期** | 成熟期 | 衰退期

経営資源の「人」「モノ」「金」「情報」「時間」は無限に供給されるものではなく有限であることを覚えておかなければならない

いずれも大切に使う必要がある

■経営資源は人・モノ・金・情報・時間

　経営資源とは業務を実行し、会社の目標を実現していくために必要な力の源泉で、通常、**人**、**モノ**、**金**の3種類といわれる。ただし最近では**情報**、**時間**を資源と見なす経営が重要になっている。ここでいう情報には、技術力や経営管理能力、マーケティング能力、資金調達力、そのほか企業内で開発・蓄積された種々のノウハウ、特許などの知的財産も含まれる。

　企業は経営者・管理者・技術者・労働者ら**人的資源**の技術・知恵・能力（情報資源）を動員し、工場・設備・原材料などの**物的資源**（モノ）を使って商品・サービスを生み出す。そうしたモノの流れを支えるのが**資金**という経済的資源だ。時間も貴重な経営資源で、コントロール（納期管理、スケジュール管理）の技量によって、生産性も大きく左右される。

人、モノ、金、情報、時間

通常、経営資源は人、モノ、金の3種類といわれているが、情報、時間も資源と見なすことが重要である。

人
- 優れた経営判断ができる経営者
- よく売れる商品を生み出す力のある開発者
- 売るのが上手なセールスマンや知識豊富な財務担当者

など

モノ
- 製造に必要な原材料や部品
- 製品をつくる工場や機械
- 働くオフィスや倉庫
- 商品・サービスを売る店舗

など

金
- 給料や原材料購入費、家賃などの運転資金
- 工場を建てたり、製造機械を購入したりする設備資金
- 預金・株式や保有する土地などの資産(現金化できるもの)

など

情報
- ライバルの動向や新しい技術
- 特許・商標・知恵・ノウハウなど形のない資産(無形資産)
- 為替や株価の変動
- 社会情勢や政治の変化・法律の改正

など

時間
売ったり買ったりできない〜唯一平等に与えられている。効率性が企業の競争優位性の源泉である。
- 過去の分析、現在の認識、将来(未来)の予想(予測)
- 集団での時間の使い方(会議の進め方など)の効率性・工夫
- 従業員の労働時間、工場の稼働時間
- 新商品開発から市場投入までの時間

など

顧客は最大の経営資源

　人、情報、時間、顧客は人にかかわるものなので、「会社の宝は人である」ことを認識しておこう。なかでも、企業を支える最大かつ最重要な経営資源は、お客様=市場であり、顧客を無視した経営はすぐに破綻すると心得ておく必要がある。

　ただ、顧客は重要であるが、神様ではない。絶対的な存在ではないので、過剰に振り回されないように注意しよう。

会社の誕生から終焉まで

8 第二の柱（製品・サービス）をつくれ

| 創業期 | 成長期 | **安定期** | 成熟期 | 衰退期 |

安定期に入ったからといって安心していてはダメだ！

ライバルがいつ参入するかわからない 新商品開発や多角化で業務拡大をはかるんだ！

製品・サービスの陳腐化の危機に備えよう

　設立がうまくいき、成長路線に乗ったとしても、さらに安定的な軌道に乗せるためには、さまざまな危機を突破しなければならない。

　国税庁によると日本には約260万の会社が存在するが、そのなかで黒字を出している会社は3分の1、赤字会社が3分の2ある。設立年数との関係は不明だが、数字を見る限り、安定成長は難しいと考えざるを得ないだろう。

　特に、大きな危機は製品・サービスの陳腐化だ。DVDがビデオを駆逐したように、一度は顧客に受け入れられた製品・サービスであっても、事情が変化すると、たちまち見向きもされなくなる。単一の商品・事業でビジネスを続けていくことは、きわめてリスクが高い。早いうちに次の柱（製品・サービス）の開発にとりかかるべきだ。

第1章　ダイジェストで見る　会社の一生

企業の成長イメージ

　企業のライフサイクルは、創業期、成長期、安定期、成熟期の4つに分けられ、一般的には下の図のようなＳ字曲線を描く。

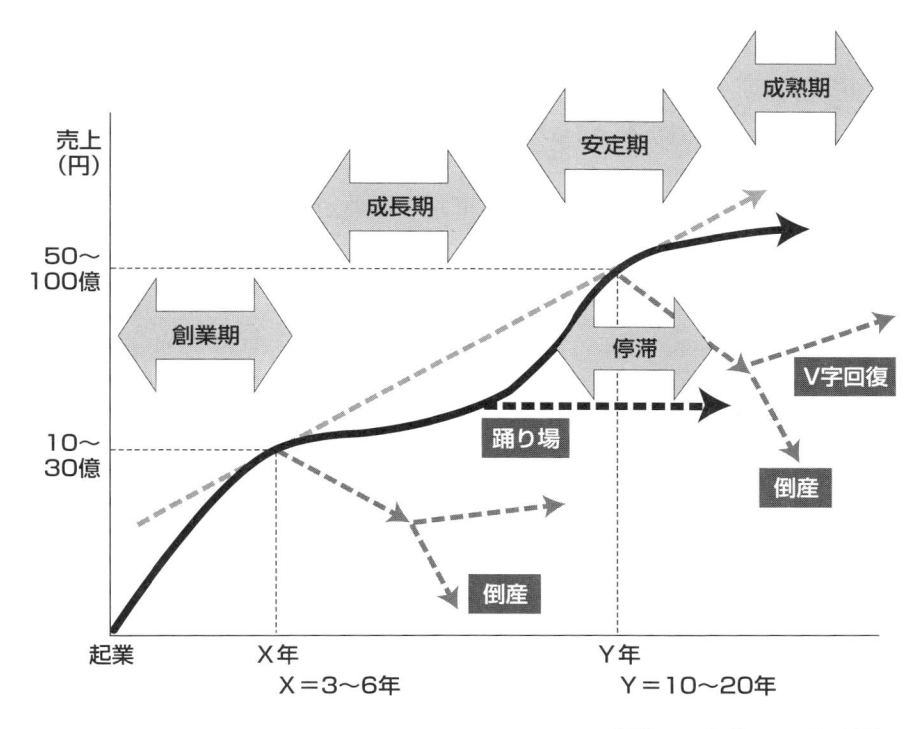

売上（円）

成熟期
安定期
成長期
創業期
停滞
Ｖ字回復
踊り場
倒産
倒産

50～100億
10～30億

起業　　X年　　　　　Y年
　　　X＝3～6年　　Y＝10～20年

（出典：ソフトブレーン・サービス）

会社のライフサイクル

　会社のライフサイクルを創業期、成長期、安定期、成熟期の4つに分けると、創業期には創業期、成長期には成長期、安定期には安定期の経営戦略がある。特に変わり目の時期に注意が必要だ。
　一番のカギになるのは創業期から成長期へとステップアップする時期。創業期と同じやり方では早晩、行き詰まる可能性が高い。新商品開発、新市場開拓、多角化などに失敗すると、「企業の死」＝倒産が待っている。

9 会社の部門を増やして専門性を高める

| 会社の一生 | 創業期 | 成長期 | 安定期 | **成熟期** | 衰退期 |

> 会社が大きくなると機能を分担する必要がある

> 製造・販売・管理などさまざまな部門が有機的に連携できればより大きな価値を生み出すんだ

■製造、販売など専門分野ごとに役割分担を行う

　株式会社の基本構造が確立されると、大きな資本力を背景にビジネスを展開することが、大きな組織、ひいては大きな成果・結果を生むことがわかってきた。こうして組織が大きくなると、組織を分割する必要が生じるようになった。これが、従業員と経営者の中間に位置する**管理職**という職務だ。

　また、人にはそれぞれ得意分野・役割があるように、会社も大きくなると生産や販売など専門分野ごとに役割分担が必要になり、技術革新が進めば進むほど、機械に任せる分野と人が担う分野も区別されるようになった。しかしその一方で、分割・細分化が進み過ぎると、部門相互のつながりや連携部分をうまくマネージメントできず、組織が機能しなくなる弊害も生じた。

第1章　ダイジェストで見る　会社の一生

組織が少しずつ大きくなると…

当初

経営者────従業員

大きくなると

役　職　　経営者────管理職────従業員

役割分担（部門）　　営業部門、マーケティング部門、製造部門、開発部門、物流部門、管理部門など

> 多種多様な集団を形成しうまく連携させることで大きな価値を生み出すんだ

> その結果として会社組織は個人で行うよりもはるかに大きな仕事ができる

会社の誕生から終焉まで

10 危機を突破して、安定軌道に乗せる──会社の危機

会社の一生： 創業期 / 成長期 / 安定期 / **成熟期** / 衰退期

> 経営者っていうのは大変です 背負っているものの重みが違う

> 変化の兆しに気づかないことが致命傷になることだってある だから 日々アンテナを張っていなければなりません

■ 危機を見通す洞察力と経営戦略策定能力が問われる

　成長期の会社を襲う第二の危機は市場の変化だ。顧客の嗜好（好み）が変化したことが原因になることもあるし、競争相手が、まったく新しい（品質がいい・価格が安い・新機能がついているなど）製品・サービスを発売し、顧客がそちらに移るケースなどもある。

　旧来の市場で生き残ろうと思えば、市場の変化に対応した新商品を開発しなければならないし、「他の市場なら既存の製品・サービスで勝負できる」と判断すれば、新しい市場を開拓しなければならない。

　いずれにせよ、変化の兆し（きざ）を感じたときに前もって手を打っておかなければ手遅れになりかねない。

　経営者の「洞察力」と「経営戦略策定能力」が問われる局面を迎えたといえる。

第1章　ダイジェストで見る 会社の一生

経営者の責任

　会社は多くの夢や希望、期待を乗せて走っている。創業者・社長の夢、従業員の夢、取引先の期待、株主の期待、地域・社会全体の期待。会社がつぶれてしまえば、皆が経済的な損害を被るし、それらの夢・期待も一瞬にして消えてしまう。

　経営者の肩には夢・期待が、ずっしりと重くのしかかっているのだ。創業（起業）もラクではないが、守成（会社を維持・発展させること）にも死に物狂いで取り組む必要がある。

創業者本人の夢
取引先の期待
家族の夢
従業員の夢
株主の期待
地域・社会の期待

うー
重い……

創業者・社長

経営者の肩には、さまざまな人の夢・期待が、ずっしりと重くのしかかっているが、会社がつぶれてしまえば、それらも一瞬にして消えてしまう。したがって経営者は、死に物狂いで会社を維持・発展させる必要があるのだ。

11 会社にも終焉がある
——経営破綻・廃業・倒産

会社の一生: 創業期 / 成長期 / 安定期 / 成熟期 / **衰退期**

> 最近、営業不振が続いておりまして……

> まずい兆候ですね

■倒産原因の大半は営業不振と資金繰りの悪化

　会社が衰退すると、究極的には**廃業**、**倒産**という形になる。自主的に事業をやめる廃業と異なり、倒産は必要な経費以上の利益が出せなくなり、資金的に行き詰まって借金の返済ができなくなるなど、企業活動を続けられなくなることをいう。

　倒産を引き起こすケースの80％以上は**営業（売り上げ）不振**が遠因になっている。直接的な原因は**資金繰りの悪化**。お金を払わなければいけないときに、お金が足りないことを意味する。業績の低迷にもかかわらず、合理化や事業見直し・転換・多角化などの手を打つのが遅れたり、実行しなかったりすることによって起きやすい。

　企業に手放しの安定はない。衰退を防ぐためには、健全なときに将来の経営戦略を準備しておくことが肝要だ。

第1章　ダイジェストで見る 会社の一生

企業が衰退しないために…

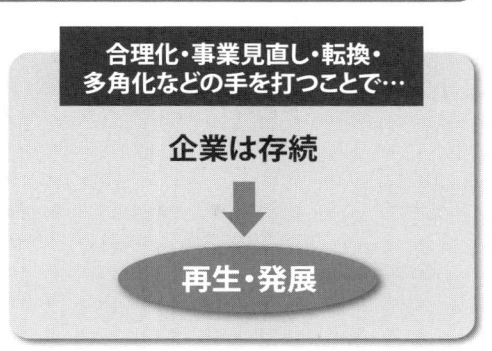

何もしないと…
企業は衰退
→ 経営破綻・倒産

合理化・事業見直し・転換・多角化などの手を打つことで…
企業は存続
→ 再生・発展

業績が低迷しているにもかかわらず、合理化や事業見直し・転換・多角化などの手を打つのが遅れたり、実行しなかったりすると、企業の倒産が起きやすい。経営者は倒産に陥らないように、早めに手を打つことが必要だ。

(コマ1) このままいくと あの取引先は 倒産するだろうな／破産手続も進めているらしいぞ

(コマ2) 困ったな　ズズ…

破産手続

　借金を返せなくなると、裁判所に申し立てて「破産手続」を進める。会社が破産すれば、いわゆる「倒産」、個人の場合は「自己破産」という。企業の経営状態が健全なときに、いかに将来に向けて手を打っておくか、経営戦略の立案と実行が不可欠だ。
　「経営者に休みはない」といわれる理由は、現在の経営に力を注ぐだけでなく、将来に向けての準備を整え、着実に実行していかなければならないからだ。

第2章
企業は人なり
――組織・人事管理

経営をうまく回すためには、組織全体の統率がとれていることが大切だ。そのためには、効率的な組織運営のしくみをつくることや、一人ひとりのやる気を引き出し、能力を最大限に発揮させるための環境を整えることが重要になる。会社という組織として、各部門が連携した運営をすること。これを実現させることが、組織・人事管理のテーマといえるだろう。

> あいまいな目標では仕事のモチベーションは上がらないわけね

> 人事制度の本質は必要な能力を割り出しそれに即した人材を採用・育成することだ

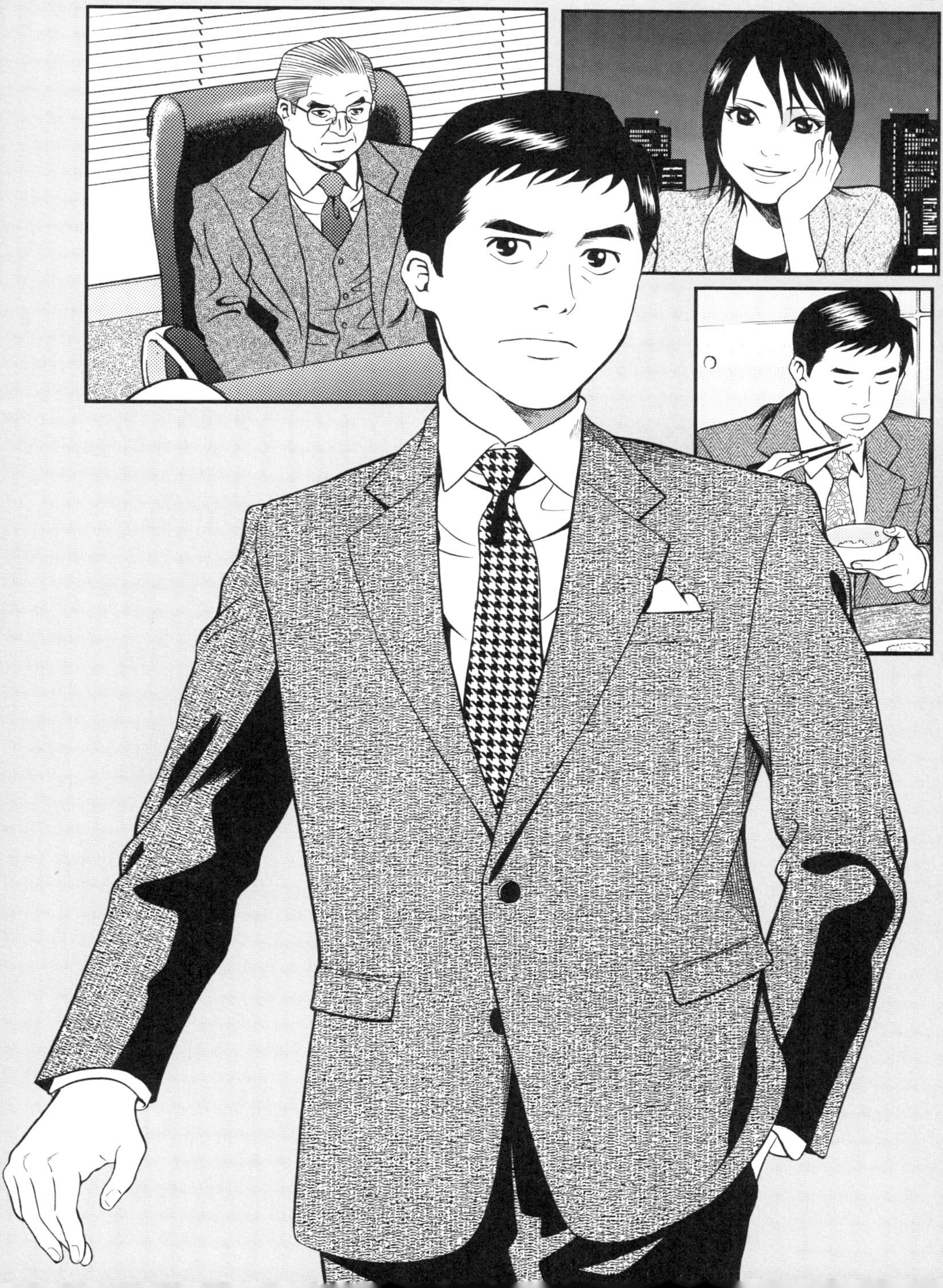

1 競争力に差がつくマネージメント
──組織・人事管理の重要性

POINT 企業の組織は「人」の集合体。モノを中心とした経営から、知的資源を中心とした経営に移行している今、組織と人のマネージメントの巧拙が企業競争力の差となって表れる。

価値多様化の時代、「人」こそが最大の資産

　大量生産・大量消費の時代、組織や人の管理の重点はモノであり、モノを中心として、企業はどうあるべきか、という議論がなされた。しかし、グローバル化・情報化の進展で、経営を取り巻く環境は驚くほど急激に変化した。モノを中心とした経営では顧客のニーズに応えきれず、たちまち時代遅れとなりかねない社会になってきている。

　そこで、見直されているのが"人の持つ力"だ。企業の競争力の源泉も、モノから知識、知恵などの知的資源へと移行している。

　知恵や工夫を多く生み出す「人」を、いかにうまく採用し、育成し、戦力化するかという人の**マネージメント**が重要で、企業の競争戦略の一部となってきているのだ。人事部門は管理部門から戦略部門へ転換する必要があるだろう。

1プラス1が3にも4にもなる組織

　少子高齢化などで労働人口の減少が進む日本では、女性や高齢者の力を活用し、効率的で合理的に成果をあげられる組織を早急に確立しなければならない。人の集合体が組織だが、1プラス1が2にならないところが組織の難しいところだ。

　逆に、1プラス1が3にも4にもなる組織もある。企業は個々の力の和以上の力を発揮できるしくみを、将来にわたって追求していく必要がある。

第2章 企業は人なり──組織・人事管理

人事部門の役割

　人事部門は、いまや戦略部門。戦略部門化の一環として、給与計算などの事務的業務はアウトソーシング会社へ外注したり、給与計算サービスのASPシステムを利用したりすることで、大幅な時間短縮をはかっている。

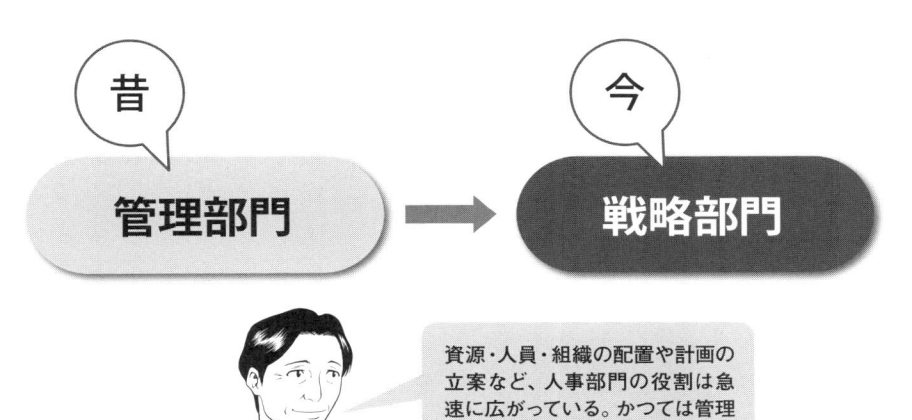

昔　管理部門　→　今　戦略部門

資源・人員・組織の配置や計画の立案など、人事部門の役割は急速に広がっている。かつては管理部門として機能していた人事部門だが、いまや戦略部門ともいえるようになってきている。

企業の競争力の源泉がモノから知的資源へと移行してきています　すなわち知恵を生み出す人の力をいかにうまく戦略化するかが重要になってきているのです

2 企業ブランドやイメージを決める「企業文化」

POINT 企業文化は業績に寄与するだけでなく、企業ブランドやイメージを向上させる。核になるのは経営理念で、文化を育てていくためのしくみやツールも欠かせない。

企業文化の核となるのは経営理念

　企業文化を端的にいえば、「従業員全体が共有する価値観・行動原則・規範」となる。企業ブランドやイメージにも大きく影響を与え、一朝一夕では形成できない。企業全体の価値観は経営理念の形で言語化されていることが多く、企業の戦略目標やビジョンを達成する過程で、醸成されていくものである。

　企業文化には、①**成長持続志向文化**、②**個人主義的競争文化**、③**堅実・保守志向文化**の3種類のパターンがある。①であることが望ましいが、人の集団である以上、他の要素がまったくない組織はつくれない。構成員（従業員）が理念・ビジョンを共有し、行動で示していくことが大事だが、セレモニーや評価・表彰制度、経営者メッセージ、クレド（信条、綱領）などのしくみ、ツールも必要不可欠だ。

協調の文化、競争の文化

　企業には協調の文化、競争の文化の双方が必要である。競争心は成長の糧で、社内にライバルがいないのは「負け犬組織」をつくる元凶。ただし、競争の文化が強すぎると、協力するより競争することに注力しがちで、ムダな社内闘争が起こりやすい。足の引っ張りあいも激しくなり、失敗すると査定に響くので、失敗を避ける傾向が生まれ、企業の成長を阻害する。うまくコントロールすることが大切だ。

企業文化の類型

成長持続志向文化
進化し続ける文化
組織としての対外的競争力がもっとも育つ環境。企業収益に対して常にプラスに作用する。

個人主義的競争文化
個人主義文化
個人の勝ち負けにこだわる文化で、企業活力を発揮するためにはある程度必要。ただし、あまり強すぎると組織の全体力を押し下げてしまう。企業収益にとってはプラスに働くこともあるが、マイナスに働くことも多い。

- ●専門家集団　●完璧主義　●競争第一
- ●権力維持　●否定主義

堅実・保守的志向文化
現状維持文化
いい人でいれば、成果をあげずとも会社にいられるため、"ぬるま湯体質"が広がる。企業収益に対してマイナスに作用する。

- ●規律的承認　●慣習重視　●安定性重視
- ●組織依存　●減点思考

企業文化の醸成にあたっては会社全体の文化だけでなく企業内にある複数の組織文化に着目し個々の状態を把握する必要があります

なるほど部門によってもずいぶんカラーが違いますからね

3 最高の組織づくりのために——組織設計と役割分担

POINT 企業は経営目標・戦略を実行するために、最適の組織をつくらなければならない。業務設計のない組織は人余りなどが生じ、非効率的な組織になりやすい。

業務プロセスや権限を先に設計し、ムダのない組織づくりを

組織設計とは経営目標・戦略を実行するために、企業のさまざまな業務をどのように組み合わせ、どのように遂行していくかをデザインすることだ。部門の配置人数など形式的側面だけで決めるのではなく、業務プロセスや権限を先に設計したうえで取り組んだほうが効率的になる。

設計を決める要素には**分業・協業**、**分化・統合**、**指揮命令系統**、**管理範囲**、**意思決定権限**がある。分業は機能、専門性、作業の重要性などを基準にして、構成員を割り振っていくやり方。通常は製造、営業、管理部門に大別し、それぞれの部門を細分化していく方法をとる。

たとえば営業という機能のなかでも、さらに機能を分け、顧客・地域別に組織をつくったり、営業管理、営業企画などの関連部署を設置したりする。

指揮命令系統

組織設計の際、最も注意を払わなければいけないのは指揮命令系統だ。命令・指示・報告などの情報の流れを規定するとともに、管理範囲、意思決定権限なども決める。情報の流れには上から下への命令・指示・通達の流れと、下から上への報告の流れがある。いずれにせよ、情報の流れは速いほうがよい。業務執行に関する判断（意思決定）と執行のスピードを大きく左右するからだ。

第2章　企業は人なり──組織・人事管理

組織設計を決める要素

組織設計を決める要素は、以下の5つに分類される。

分業・協業　分業は機能、専門性、作業の重要性などを基準にして、構成員を割り振っていくやり方。協業は組織全体で協力して業務していくこと。

分化・統合　分化・統合は同じ部門・部署の機能が異なるユニットを別々にしたり、統一して管理したりすることを意味する。

指揮命令系統
管理範囲
意思決定権限
指揮命令系統は命令・指示・報告などの情報の流れを規定するとともに、管理範囲、意思決定権限なども決める。業務執行に関する判断と執行のスピードをあげることを目的とする。

> 組織設計の際、最も注意を払わなければいけないのは指揮命令系統。業務執行のスピードは、これによって決まるので、可能な限り最適化をはかる必要がある。

> 企業の目標達成のための役割分担という観点から組織をつくる必要がある 合理的でムダのない組織設計を目指すんだ

> はい

4 人的資源を最適に分配する組織構造・形態とは

POINT 組織構造に注目すると、「機能別組織」「事業部制組織」「マトリクス型組織」などがある。一長一短があるので、企業の事情に合わせ、適切な構造を選択しなければならない。

単一の事業なら機能別、複数の事業なら事業部制、マトリクス型

　組織構造は、**機能別組織**、**事業部制組織**、**マトリクス型組織**などがある。企業が単一の事業だけを展開していれば、機能別組織をとることが多く、複数の事業を有している場合や事業の多角化、海外展開を狙う場合は事業部制やマトリクス型をとっている企業が多い。

　機能別組織は、機能ごとに専門的な知識を持った人材が育成できるうえ、機能の重複がないので、経営効率が高い。ただし、権限や責任が機能の範囲内にとどまり、全社より部門の目標達成を優先しやすくなる、幅広い知識を持つマネージャーが育ちにくく、ささいな案件でもトップに「お伺い」を立てるようになる、などの欠点がある。

事業部制組織の長所と欠点

　事業部制組織は、製品・市場・顧客・地域などを基準に組織の成果や対象に焦点をあてた形態。事業部に権限委譲が行われ、それぞれの事業部が利益責任を負っている。事業部制組織の長所は事業部間の切磋琢磨による利益向上が期待できること、マネージャーが早い段階から事業経営の広範囲にわたりかかわり、マネージメント能力を磨く機会も多いことなどである。

　もっとも、事業の収益性の差や競争意識の高さが裏目に出て、事業部全体が保守的な組織風土に陥ってしまったり、事業部同士で経営資源の奪い合いが起こったり、弊害が目立つ場合もある。

第2章　企業は人なり──組織・人事管理

組織構造の3類型

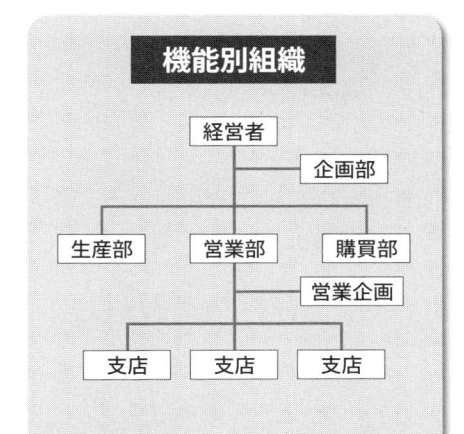

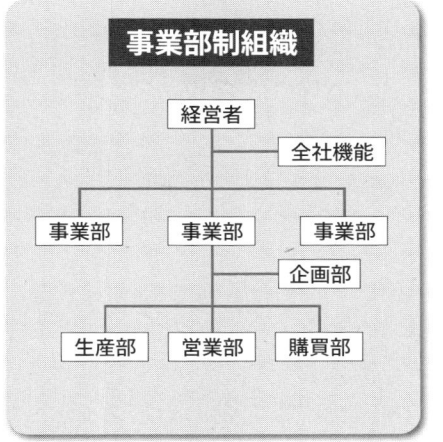

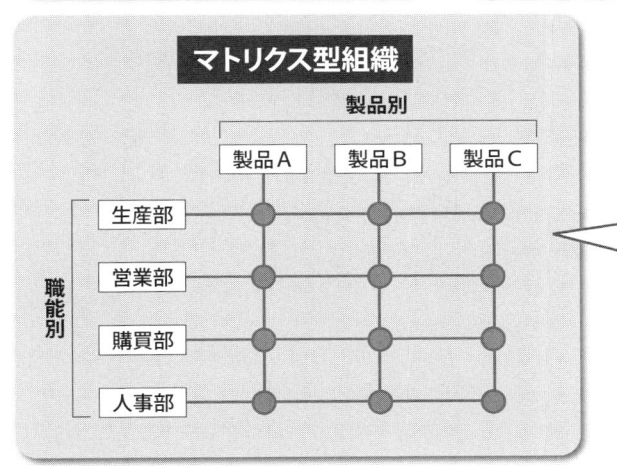

機能別組織

```
            経営者
              ├── 企画部
   ┌──────────┼──────────┐
 生産部      営業部      購買部
              ├── 営業企画
   ┌──────────┼──────────┐
  支店        支店        支店
```

事業部制組織

```
            経営者
              ├── 全社機能
   ┌──────────┼──────────┐
 事業部      事業部      事業部
              ├── 企画部
   ┌──────────┼──────────┐
 生産部      営業部      購買部
```

マトリクス型組織

	製品別		
職能別	製品A	製品B	製品C
生産部	●	●	●
営業部	●	●	●
購買部	●	●	●
人事部	●	●	●

機能別と事業部制の2つの組織を組み合わせたのが、マトリクス型組織。事業を中心に、専門性の高い機能を組み合わせることで、長所をうまく活用しようとするものだ。経営戦略上、重要な情報共有が円滑になり、1人が2つの役割を同時にこなす効率的な組織になるメリットがある。ただし、メンバーは2つの指揮命令系統に属するので、権限・責任があいまいになり、混乱を招き、業務に支障をきたすおそれもある。

> 会社の見直しを進めるためには組織構造をどのように変えるか考える必要があります

5 人材の確保と適切な人員配置

POINT 経営戦略や業務を円滑に遂行するために、人員を適切に配置しなければならない。調達する場合は採用・異動・昇進、整理する場合は異動・解雇・希望退職などの手段をとる。

人材が不足したときは採用、異動、昇進などで調達する

　人員配置は経営戦略・業務の執行に必要な能力を持った人材を確保し、業務を円滑に進められるように、適切な職務につかせることである。求める人材が不足しているのであれば、**採用**、**異動**、**昇進**によって調達し、余っている場合には余剰人員を整理しなければならない。整理の方法としては**異動**のほか、**解雇**、**希望退職**など、いわゆるリストラといわれる方法もある。

　人員配置には**コストマネージメント**、**知的資産マネージメント**の両面からのアプローチが必要。また、人の分野である以上、人材育成や人材の成長、蓄積された知的資産という観点から、短期的ではなく、中長期的な視点に立った判断が不可欠である。近視眼的な判断では将来の事業展開や組織の活性化を損なうおそれがある。

人材とコスト

　人材の配置には調達、整理のどちらであろうとコスト（金銭的コスト・時間的コスト）がかかるものであることを忘れてはならない。必要な能力（スキル）を持った人材がいない場合、採用代行会社・紹介会社を利用すれば時間的コストの節約にはなるが、金銭的な直接コストがかかる。さらに、人材が能力（スキル）を身につけるまでには能力開発・育成コスト（時間的コスト）がかかっていることも忘れてはならない。

第2章 企業は人なり──組織・人事管理

人材の調達と整理

求める人材が不足している場合は「採用」「異動」「昇進」によって調達する

人材の調達
- 採用
- 異動
- 昇進

人材の整理
- 異動
- 解雇
- 希望退職

人材が余っている場合は余剰人員を「異動」「解雇」「希望退職」によって整理する

人員配置には、コストマネージメントと知的資産マネージメント、両面からのアプローチが必要。また、短期的ではなく、中長期的な判断が不可欠だ。

戦略の実行に向けて最適な人員構成を検討するためには「業務プロセスの設計」と「必要な能力の割り出し」を進めなければなりません

これらがなされないまま配置をすると業務プロセスと人員のムダが重なり事業の競争力が損なわれるおそれがあります

6 成果のあがる組織をつくるには

POINT 結果は成果の積み重ね。しかし成果だけを管理しても、良い結果にはつながらない。成果があがらない要因を発見し、改善・修正していくことが大事だ。

成果があがらない要因をつぶせ

　組織で成果をあげられない要因は、目標や役割の認識があいまい、仕事の進め方が理解されていない、能力が足りない、評価のしくみがない、のいずれかであることが多い。

　したがって、成果をあげるためには、①組織の目標が明示され、全体の目標・目的に対する各人の役割も明確で、メンバーがよく理解していること、②何をやり、何をやらないかが明確で、なぜやらなければならないかが理解されていること、③身につけるべき能力（スキル）が理解され、メンバー間で教え合い、補完し合えること、④客観的な基準にのっとり、結果だけではなく、努力も評価（**プロセス評価**）されることが必要だ。こうした要因を発見し、業務プロセスを改善・修正するのはリーダーの役割のひとつである。

会議の目的

　会議を情報共有の場としか使っていない会社が多い。会議の主たる機能は、①問題発見、②課題解決の方向性の決定、③改善・修正案の決定、④実行方法・期限の決定だ。
　現状の分析は終え、あらかじめ会議の出席メンバーに周知徹底をしたうえで、会議を始めたい。現状分析をダラダラと続けていると、会議は長引くし、次のプロセスに進めず、結論が出ないことがよくある。

第2章 企業は人なり──組織・人事管理

成果があがらない原因

アメリカのロバート・メイジ、ピーター・パイポは、ビジネスマンが求められる行動をとらなかったり、成果をあげられない原因を研究し、以下のような分析結果を発表した。

- ■目標や役割について認識不足　　30〜40%
- ■仕事の進め方がわからない　　　30〜40%
- ■能力が足りない　　　　　　　　10〜20%
- ■報酬や評価がない　　　　　　　10〜20%

（出典：ソフトブレーン・サービス）

本人の責任（能力）によって成果があがらないのは、実は10〜20%に過ぎない。問題の原因を正しく把握できないと、間違った解決策を採用することになり、問題を解決できないので、早めに原因を明らかにすることが大切だ。

原因の追究
対策の立案
うまく連携をとるための
ビジョンの共有……

理屈では簡単だけど実際に行うのは相当大変よ

7 やる気を引き出すには、どうすればよいか

POINT やる気を引き出すのは難しいが、やる気を引き出す仕掛けをつくることはできる。まずは経営理念やビジョンを明確にし、繰り返し社員に語っていくことだ。

欲求が満たされると、「やる気」が起きる

　人は、さまざまな価値観を持っている。仕事を通じて価値観を共有できると「共感」し、欲求が満たされることで「やる気」が起きる。仕事が欲求を満たしてくれれば、「働きがい」を感じ、自律的・自発的に仕事に取り組むものだ。

　やる気を引き出すのは難しいが、やる気を引き出す仕掛けをつくることはできる。まず、企業は経営理念やビジョンを明確にし、組織の価値観を明示する必要がある。そして、経営理念やビジョンに沿った行動を求めていることを従業員に継続的に伝えていくことだ。

　働く者全員にとっての共通したルールといえる人事制度（評価・報酬・昇進昇格・降格・解雇など）も重要。制度の趣旨・運用が公平かつ公正でなければ、社員の士気はあがらない。

ほめる・しかる・認める

　英語で「よくやった！」は"Good job!"。直訳したら、「いい仕事をしたね」となる。よく「ほめて人を育てなさい」というが、ほめられるばかりでは人は甘えるものだ。

　一方、しからなければならないときもあるが、しかられるほうよりも、しかるほうがつらくなる。リーダーは、ほめたり、しかったりするだけではなく、仕事の善し悪しを客観的に評価し、「認める」ことが仕事を通じて人を育てる最善の方法だ。

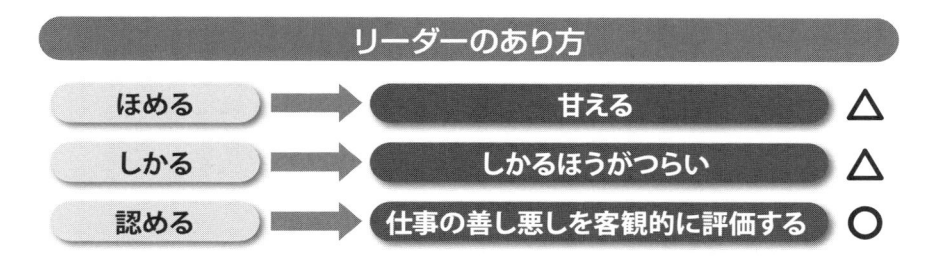

第2章　企業は人なり──組織・人事管理

リーダーのあり方

ほめる	→	甘える	△
しかる	→	しかるほうがつらい	△
認める	→	仕事の善し悪しを客観的に評価する	○

やる気を引き出す4つの仕掛け

社員のやる気を引き出すためには、さまざまな仕掛けづくりが必要になる。具体的には、以下の4つの観点から働きかけることを考えるとよい。

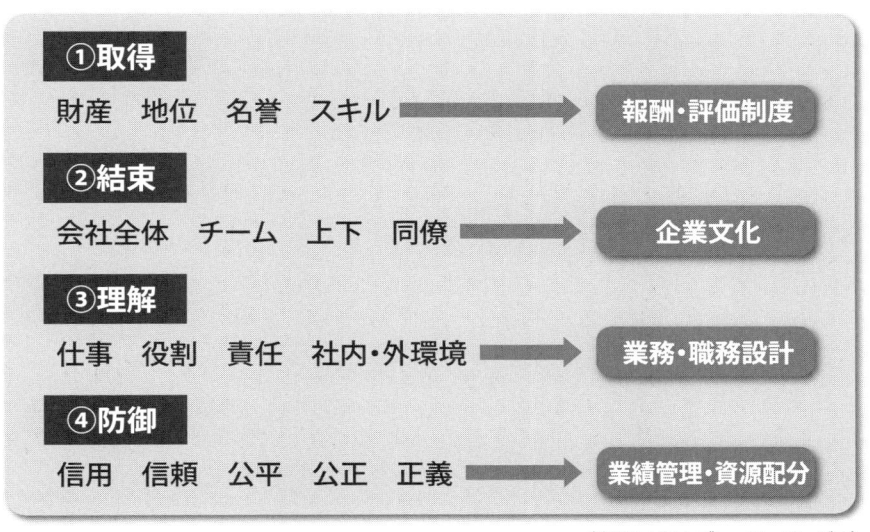

①取得
財産　地位　名誉　スキル　→　報酬・評価制度

②結束
会社全体　チーム　上下　同僚　→　企業文化

③理解
仕事　役割　責任　社内・外環境　→　業務・職務設計

④防御
信用　信頼　公平　公正　正義　→　業績管理・資源配分

（出典：ソフトブレーン・サービス）

> 社員のやる気をコントロールするのは簡単ではないわ

> だから企業文化や人事制度の改善はとても重要なのよ

8 人材を集め、育成する
――人事の本質とは

POINT 人事制度の本質は経営戦略・業務の実行に必要な能力（スキル）を割り出し、そのスキルを持った人材を採用・育成することだ。

これからの人事に必要とされるものとは

　人事部門は「採用」「配置（異動・退職）」「育成（能力開発）」「評価」「報酬」などの定番メニューをこなしていればいいのではなく、社会状況（労働市場）、法的背景（労働基準法）、経済状況（景気等）、競合他社の状況などを総合的に判断・調整し、自社の競争優位性を維持・発展させるためのマネージメントと制度を整備しなければならない。

　自社の仕事に必要な人の能力（スキル）が何で、どこから調達・育成し、将来に備えてどのように準備するか。ライバルに勝ち、利益をあげ続ける組織づくりのために、現状の仕事だけでなく、経営戦略に合致する人の能力（スキル）を常に割り出し、その能力を持った人を採用・育成し、**コア・コンピタンス**※の確立を目指していく必要があるのだ。

※コア・コンピタンス（Core Competence）とは、「競合他社を圧倒的に上回るレベルの能力」「競合他社にまねできない、核となる能力」を指す。顧客に特定の利益をもたらす技術、スキル、ノウハウの集合である。

能力（スキル）の明文化

　能力（スキル）は「やれること」「やれないこと」「やるべきこと」の3種類。「やるべきこと」と「やれないこと」の差が成果の差となって表れる。

　ある会社では数千に及ぶ自社のスキルを明文化し、身につける順番や優先順位、階層別スキルを決めている。こうすることで、報酬の根拠、昇進・昇格の根拠が明確に示され、公正・公平な人事制度になる。社員のスキル取得の目標も数値化されているのだ。

第2章　企業は人なり──組織・人事管理

星取り表

「星取り表」は、能力（スキル）を明示し、上司と部下で評価を相互につけていくためのツール。評価結果やその理由を、自社の経営理念やビジョン、戦略と関連づけて社員にフィードバックする。組織として、成果をどう考えているかを示したり、改善点を話し合ったりするコミュニケーションツールであると同時に、スキルアップのための目標管理に使えるツールでもある。

	商品A	商品B	商品C	アポイント	プレゼンテーション	ヒアリング	信頼関係	提案	クロージング	ファン化
営業A	◎	◎	◎	◎	◎	◎	◎	◎	◎	◎
営業B	◎	○	○	×	◎	◎	○	○	○	○
営業C	○	○	○	○	◎	○	○	○	○	○
営業D	○	○	△	×	○	○	△	△	△	○
営業E	○	○	○	×	○	○	△	△	×	○
営業F	○	△	△	×	△	○	△	×	×	○
営業G	△	△	△	×	△	△	△	×	×	○
営業H	△	×	×	×	△	×	×	×	×	△

◎教えられる　○1人でできる　△支援を受ければできる　×できない

（出典：ソフトブレーン・サービス）

人事制度の本質は必要な能力を割り出しそれに即した人材を採用・育成することだ

能力とは「やれること」「やれないこと」「やるべきこと」の3種類ですね

その通り「やるべきこと」を明確化し「やれないこと」との差が成果の分岐点となる

9 公正・公平な評価のしくみをつくる

POINT 公正・公平な評価のしくみをつくらなければ、会社は腐った、やる気のない「人罪」のたまり場になりかねない。人事部門の役割は限りなく大きい。

定性評価は昇給に、定量評価はボーナスに反映させる

　組織から高い評価を受けることで、やる気が起きる。ただし、その評価方法が公正・公平なものではなく主観的な評価だったり、結果しか評価しないものだったりすると、逆にやる気が失われる。また、評価と報酬（報い方）も整合性がとれたものでなければならない。評価が高かったのに、報酬が低ければ、不平・不満の原因となる。

　評価方法を設計する際は「何を」（評価項目）、「誰が」（評価者）、「どのくらいの期間で」（評価期間）評価するのかを決定する必要がある。特に注意したいポイントは、能力評価を基礎とする**定性評価**と結果・成果を基礎とする**定量評価**を混同しないことだ。定性評価は昇給に、定量評価は基本的にボーナスに反映させる。

肥料と水

　GE（ゼネラル・エレクトリック）のジャック・ウェルチ前会長は「花を育てるには肥料と水を両手に持って、両方をかけなくてはならない。うまく育てば美しい花壇になる。育たなければ抜くしかない。経営もそれと同じだ」と述べている。重い言葉だが、彼が人材を見切るのは徹底した社員教育を行い、モチベーションを与え、実力を評価したうえでのこと。社員教育の機会を与えているから、育たない人間を切ったとしても、不満の声はあがらない。

第2章　企業は人なり——組織・人事管理

評価のしくみ

評価項目　結果、成果、能力、勤務態度・労働時間

評価者　顧客、上司 ⇒ 部下、相互（360度評価）など

評価期間　会計年度の単位（1年・6カ月・3カ月）が一般的

報酬　昇給、ボーナス、ストックオプション（金銭）、昇進・昇格（地位・名誉）、表彰（名誉）

終身雇用や年功序列といった、いわゆる「日本型経営」は良い・悪いの問題ではなく、あくまで経営戦略・人事戦略上の問題であり、個々の会社の選択肢のひとつに過ぎない。採るか採らないかは、その会社次第だ。

なぜ彼への評価が低いのかしら？納得できないわ！

たしかに今回の人事異動は公平性を欠いている気がするな

10 やる気と成長を促す目標管理（MBO）

POINT 目標を明確にすることで、チャレンジ意欲がかきたてられ、達成に向かって前進することで、組織も個人も鍛えられる。目標を達成したときの喜びも大きい。

多少無理をすれば達成できる目標を掲げる

　目標が明確であればあるほど、目標に向かって進む熱意・速度があがるもの。多少無理をすれば達成可能な目標であれば、やる気も生まれるし、達成の後押しをするリーダーがいれば、いっそう勇気もわいてくる。これが**目標管理（MBO※）** の要諦だ。

　よく活用される目標管理は、社員と管理職が組織目標と個人目標をすり合わせ、双方が合意したうえで、期間目標を決定し、自分で自分をコントロールするとともに、管理職の支援・協力によって目標達成を目指す。目標管理はどちらかといえば、管理よりも社員同士、および社員と管理職のコミュニケーションに主眼が置かれている。目標を設定し、達成のために全力を尽くすことで自己を成長させる「育成の方法」のひとつと考えたほうがよい。

※ MBO　Management by Objective の略

我が信条

　ジョンソン・エンド・ジョンソン社の企業理念「我が信条」（Our Credo）は、文化・言葉の違いにかかわらず、構成員を結びつける要となっている。

　誰もが受け入れやすく、実行しやすい、平易な言葉で書かれ、会社の示す「価値観」は、すべて「責任」として表現され、対象は第1が「顧客」、第2が「全社員」、第3が「地域社会」、最後が「株主」となっている。

マラソンの完走は、伴走者の存在が大きい

夏のテレビ番組では、芸能人が1カ月ぐらいの練習で、マラソンの数倍の距離を完走できるというエピソードがある。これは、完走という明確な目標であると同時に、伴走者とともに目標管理しながら走ることで励まされ、達成できるのである。

目標が明確	完走
目標管理	途中地点のタイムを計測。スピードを調整
伴走者	目標管理を後押し。励まし・声かけ

⬇

マラソンの数倍の距離を完走

あいまいな目標では仕事のモチベーションは上がらないわけね

そうだ どのような結果を目指すか決めてから仕事を始めることが大切だな

そしてその目標達成をリーダーが後押しすることで

メンバーの高いパフォーマンスが発揮されるわけですね

第3章
製造工程の最適化をはかる
——生産管理

会社が利益を出すために欠かせないのが生産管理。顧客の求めるレベルの製品を、ムダなく適正なコストでつくることが、経営のカギを握る。スムーズな生産プロセスを構築するためには、モノをつくる流れ（生産プロセス）がうまくいくようなしくみをつくることが大切だ。

「工場から連絡が入りました　生産が追いつかず納期に間に合わないかもしれません」

「そりゃ　やばいな　死ぬ気で働くように伝えろ」

「それではダメだ　生産管理の見直しを図るんだ　さもないと　また同じことを繰り返すぞ」

「気力で乗り切るんじゃない　生産が追いつくためのしくみを構築するんだ」

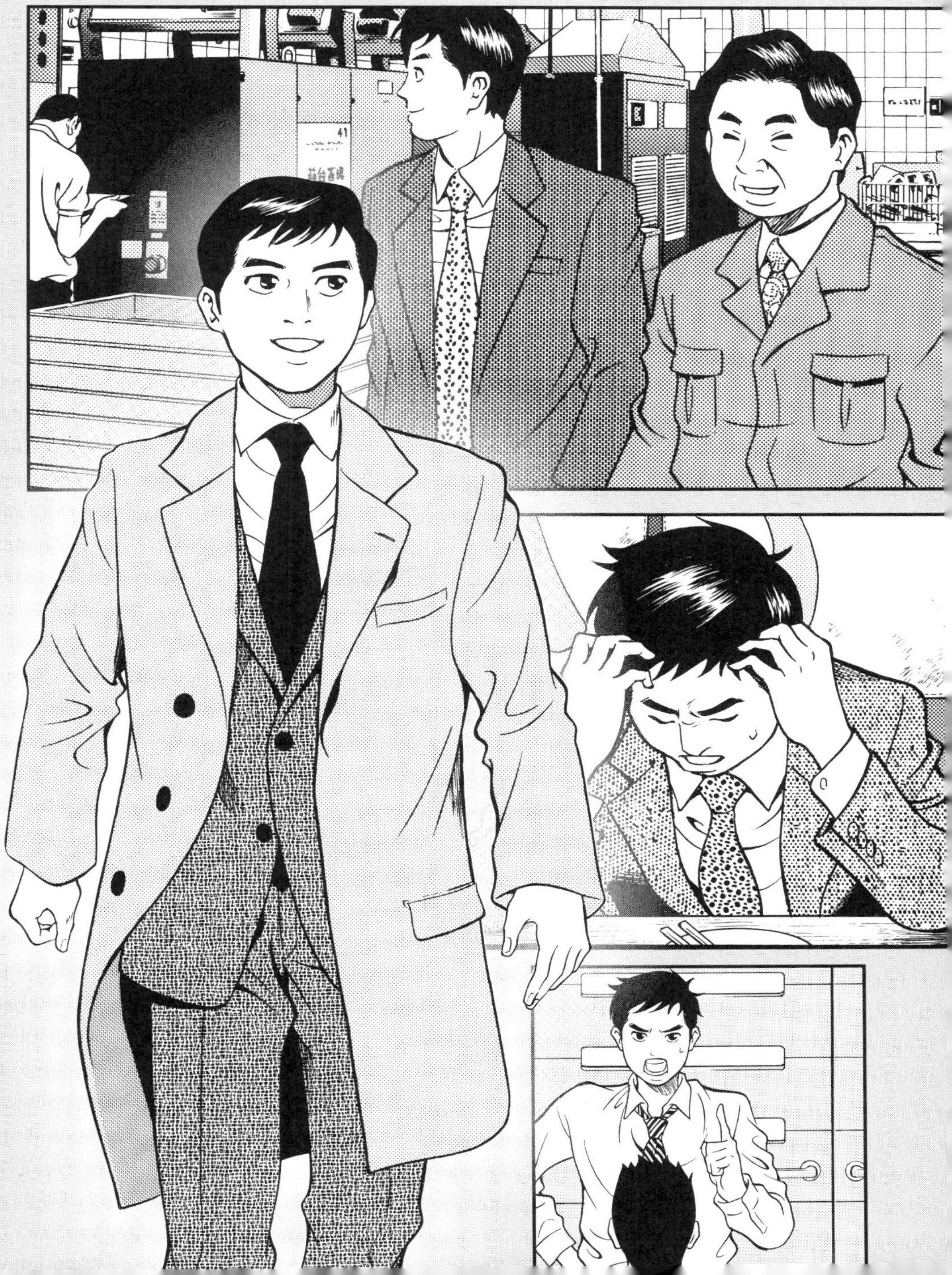

1 生産管理とは？

POINT 生産部門は企業利益の源泉。ただし、利益追求のために、他をおろそかにしてはならない。生産管理に力を入れ、顧客に喜ばれるような製品をつくろう。

生産管理はモノづくり全体を最適化する活動

　受注生産（顧客の発注を受けてモノをつくり始める）の企業の場合、営業部門が顧客から受けた注文をもとに、生産部門（製造部門＝工場）で、モノ（製品）づくりが始まる。

　もちろん、ただ単に、つくればいいというわけではない。顧客が望んだ製品を、「できるだけ早く」（**納期管理**）、「できるだけ安く」（**コスト管理**）、「できるだけ高い品質で」（**品質管理**）、「できるだけ少ない手順で」（**生産計画、改善**）、「できるだけ途中の在庫を少なくして」（**カンバン方式、ジャストインタイム**）、つくりあげなければならないのだ。

　これらに加え、最近では、「できるだけ環境にやさしく」（**環境マネージメント**）と、「法令・社会常識を守って」（**内部統制、コンプライアンス**）が加わった。管理、マネージメント、統制、と異なる言葉が使われているが、だいたい同じ意味だ。

　これらの管理やマネージメントがバラバラに行われると効率が悪いので、モノづくり全体をリードし、最適化する活動を**生産管理**と呼んでいる。

製造と生産

　製造と生産は、どこが違うのだろうか？　製造が第2次産業（鉱工業・建設業）に限られるのに対し、農業生産、生産者米価といった言葉があることからもわかるように、生産は第1次産業（農林水産業）や第3次産業（サービス業）でも使われる。

　生産部門と製造部門は、ほぼ同じ意味だが、生産管理、製造原価などは用語として確立しているので、製造管理、生産原価と言い換えることはできない（別の意味になる）。

第3章　製造工程の最適化をはかる──生産管理

生産管理の仕事

生産管理には、次のような仕事がある。

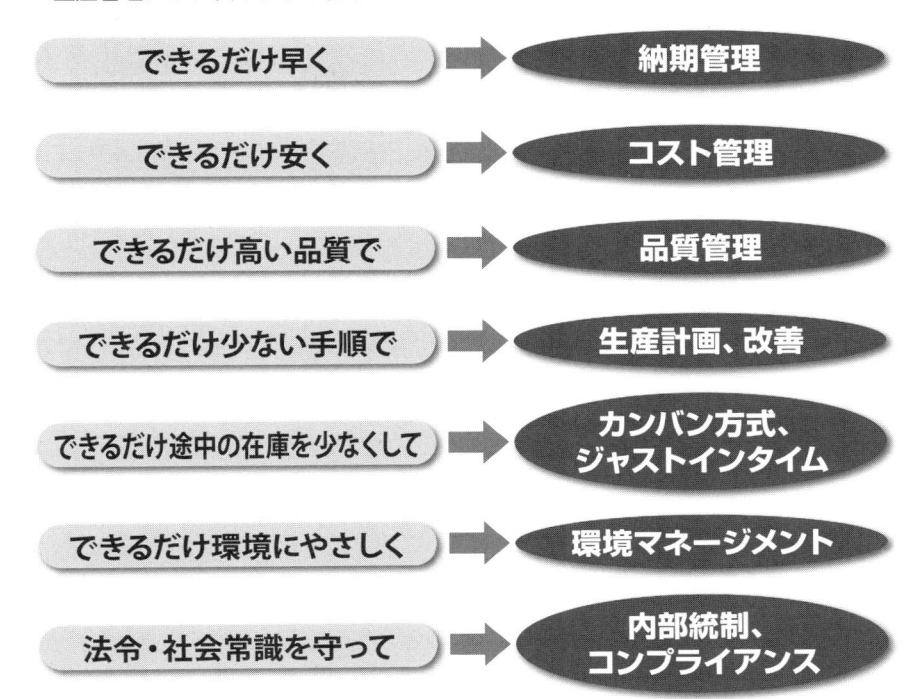

できるだけ早く	➡	納期管理
できるだけ安く	➡	コスト管理
できるだけ高い品質で	➡	品質管理
できるだけ少ない手順で	➡	生産計画、改善
できるだけ途中の在庫を少なくして	➡	カンバン方式、ジャストインタイム
できるだけ環境にやさしく	➡	環境マネージメント
法令・社会常識を守って	➡	内部統制、コンプライアンス

そう、それが生産管理の基本やな　まま、実行するのは難しいんやけどな

できるだけ早く　できるだけ安く　できるだけ高い品質で生産か……

2 モノづくりのプロセス ——受注から納品までの流れ

POINT 受注は営業部門、モノづくりは生産部門の仕事だが、大切なのはコミュニケーション。特に営業部門が無理をして受注するときは、必ず生産部門に連絡をとるようにしよう。

■受注は営業部門の役目、モノづくりは生産部門の仕事

　受注生産の企業の場合、モノ（製品）をつくるプロセスには**受注・設計・調達・加工・納品**という大きな流れがある。受注は顧客から注文を受けること、設計は製品の形や構造、性能などを決めること[※1]、調達は材料・部品などを購入すること[※2]、加工は材料・部品を加工し、製品に仕上げること、納品は完成した製品を顧客のもとへ届けることを指す。

　このうちの受注は営業の一環なので除外して、設計から納品までのプロセスを**生産（製造）**と呼ぶ。もっとも、受注の活動も営業（販売）部門が勝手に進めるのではなく、きちんと生産部門と連絡をとり、納期や品質、コストなどを調整している。

※1　図面や仕様書、試作品がつくられる過程もここに入る。
※2　外部の企業に部品製造を依頼することもある（外注）。

最適化とは？

　最適化は数学、情報工学、物理学、経済学などでも使われる言葉。生産管理では製造部門（工場）を構成する要素（工程や機能、組織など）をうまく組み合わせて、全体をベストな状態にもっていくことだ。「ある要素は、ちゃんと働いているが、別の要素は働いていない」「この要素と、あの要素がケンカしている」といった状態では全体も機能しない。生産管理はオーケストラの指揮者の役割を果たしているといっていいだろう。

第3章 製造工程の最適化をはかる──生産管理

受注生産によるモノづくりのプロセス

通常、受注してから納品するまでは、以下のプロセスで行われる。

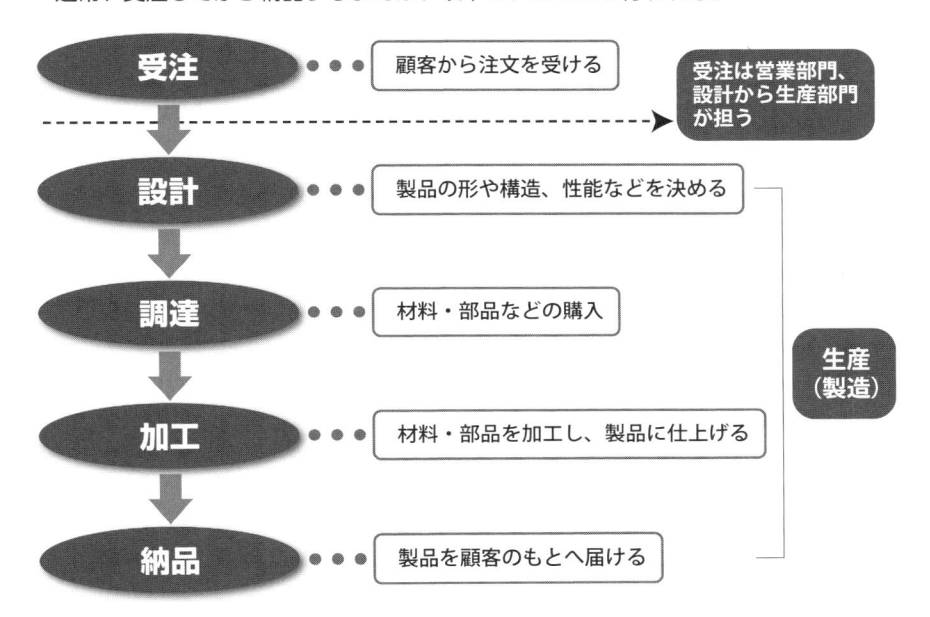

- **受注** ●●● 顧客から注文を受ける ┈┈▶ 受注は営業部門、設計から生産部門が担う
- **設計** ●●● 製品の形や構造、性能などを決める ┐
- **調達** ●●● 材料・部品などの購入   │ 生産（製造）
- **加工** ●●● 材料・部品を加工し、製品に仕上げる │
- **納品** ●●● 製品を顧客のもとへ届ける   ┘

受注は営業、モノづくりは生産、まったく別の部門のようだが、実は密接に関わっている。そのくらいわかっているだろう

もう少しお互いに連携をとったらどうだ　今のままだと生産ラインが機能しないぞ

そやな　そう言われればそういう気もするな

……

……

③ 仕事を"作業"に分解するだけで、生産性が向上

POINT 「この仕事は、あの人でないとできない」といわれるのは名誉なことでもなんでもない。「誰に頼んでもいい仕事をする」といわれるような「しくみ」をつくろう。

特別な能力・技量は必要ない

　どんな大きな仕事も小さな"作業"の集まりと考えることができる。小さな作業に分けると、大きな仕事も意外に簡単にできるものだ。

　モノづくりのプロセスも設計、調達、加工、納品という**大工程（サブプロセス）**に分解できる。工程は「一連の仕事のかたまり」。大工程は**中工程（活動）**、中工程は**小工程（要素作業＝タスク）**、小工程は、たくさんの**操作**からなっている。

　操作とは、これ以上、分割できない仕事のこと。要素作業、操作にまで落とし込むと、作業はずいぶんと単純になり、ベテランでなくても、比較的簡単にこなせるようになる。細分化の利点は２つ。第１に特別な能力・技量がなくても、均質な製品を生み出せること、第２に高度な仕事ではないので、人件費を抑えられることだ。

T型フォードの大量生産

　モノづくりのプロセスを細分化し、大きな成果をおさめたのが20世紀初頭のフォード社。米国自動車業界ビッグ３の一角だ。フォード社の創業者、ヘンリー・フォードは生産工程を細分化、シャシーの生産ラインにベルトコンベアーを導入し、流れ作業を実現した。大量生産方式を確立したことで、均一な品質の自動車を、驚くほどの低価格で販売することが可能になり、T型フォードは累計1500万台以上の大ヒットとなったのだ。この生産方式はのちの製造業のモデルになった。

第3章　製造工程の最適化をはかる——生産管理

生産プロセスは工程のかたまり

　モノづくりのプロセスは、設計、調達、加工、納品という大工程から成り立っている。大工程を分解すると、以下のようになる。

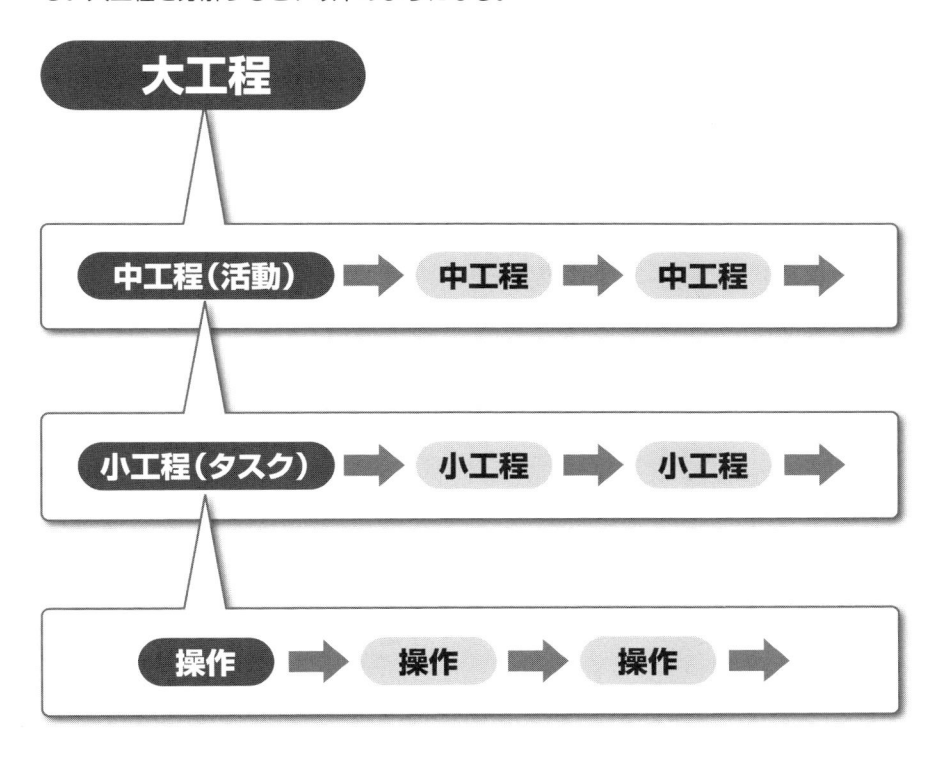

大工程
↓
中工程（活動）→ 中工程 → 中工程 →
↑
小工程（タスク）→ 小工程 → 小工程 →
↑
操作 → 操作 → 操作 →

一見大変そうな作業でも細分化することによって驚くほど単純な作業になる

これがわが社の海外工場でもミスがほとんど発生していない理由だ

4 生産の効率をあげるプロセスマネージメント

POINT　「これでいい」と思ってしまったら、進歩は止まる。常に「もっといいやり方はないか」「もっと効率的な方法はないか」と考えている組織・人間でありたいものだ。

■プロセスマネージメントのキモは継続的な改善

　生産業務をプロセス、つまり「業務（工程）のつながり」と見ていくことで、**プロセスマネージメント**の手法が応用できる。というより、プロセスマネージメントは生産部門で開発された工程管理、納期管理などの手法を会社の業務全体に拡大したものといえるかもしれない。

　プロセスマネージメントのキモは継続的な改善にある。現状に満足することなく、「もっと効果的なやり方はないか」「もっと効率的な方法はないか」と改善活動に取り組む「文化」を工程や機能、組織のなかに埋め込むことだといえる。

　工程管理のなかで重きをなす**工程分析**は効果的な改善手法のひとつ。加工工程を加工、運搬、検査、停滞の4つに分け、所用時間、治具・機械、運搬距離などを検討し、ムダどりを行っていく。

ムダどりで生産性を高める

　ムダどりはプロセスマネージメントに欠かせない。加工であれば、①工程数や作業時間を減らせないか、②工程の順序を入れ替えられないか、③多数個どりにできないか、④機能上、必要ないところの精度が高すぎないか。運搬であれば、①運搬時間・距離を減らせないか、②もっと多くの量を一度で運べないか、といったことを検討していく。

　加工以外の運搬、検査、停滞は利益を生まない作業なので、それ自体がムダどりの対象になる。

第3章　製造工程の最適化をはかる──生産管理

事務作業にもムダがいっぱい

　ムダが発生するのは生産業務だけではない。事務作業でも、知らず知らずのうちにムダなことを行っているのだ。

◆会議のムダ
会議を行うことで、ムダが大量に発生

必要のないメンバー、聞くだけの人間が出席している

必要のない会議を開催する

◆報告書のムダ
報告書はゴミの山

もとになった手書きの資料で十分なのに、パソコンで打ち直して、キレイに仕上げている

報告書を大量に配布され、ハンコを捺すように求められる

5 管理のキモとなるPDCAサイクルとは?

POINT 人間、誰しも間違いはある。大切なのはすぐに問題点をつきとめ、改善すること、その作業を無限に繰り返す、つまりPDCAサイクルを何度も回すことだ。

PDCAサイクルを回せ

管理とは、ひとことでいえば標準(見込み)と実績の差をなくしていくことだ。**標準**とは、その作業・工程の基準となる数値。たとえば、ある作業にかかる時間を30分と設定したのだが(標準時間)、実際には40分かかってしまった(実績時間)とする。納期の遅れは後工程にも大きな影響を与えるので、早急に手を打たなければならない。場合によってはラインを止めて、作業者全員で問題解決にあたる。

こうした管理の前提となるのが **PDCA サイクル**だ。前もって計画を立て(Plan =プラン)、計画通りに実行し(Do =ドゥ)、結果を評価し(Check =チェック)、課題・問題があれば、修正・解決し、処置を実行(Action =アクション)すること。これを何度も繰り返すことを「PDCAサイクルを回す」という。

標準の重要性

標準の考え方は非常に大事だ。標準が設定されていないと、標準と実績のズレが見えないので、問題点があっても気がつかない。標準通りの作業をすること、つまり決められたことに従い、守るクセをつけなければいけない。作業員が「これぐらいはいいだろう」と決められたことを守らないと、重大な事故・トラブルにつながる可能性がある。

標準に沿っているかどうかをチェックし、何か異常を見つけたら必ずアクションを起こすことが大切だ。

第3章　製造工程の最適化をはかる——生産管理

PDCAサイクル

PDCAは繰り返し行うことが重要。先の経験で学んだことを改善に活かす。この循環を繰り返すことで、企業は継続的に向上していくのだ。

> PDCAサイクルを回すことによるレベルアップは、らせん状のイメージからスパイラルアップとも呼ばれ、より高度な問題解決能力の向上を意味する。

Plan：目標を設定して、それを実現するためのプロセスを決める

Do：計画を実施し、そのパフォーマンスを測定する

Check：測定結果を評価し、結果を目標と比較するなどの分析を行う

Action：プロセスの改善・向上に必要となる変更点を明らかにする

> PDCAサイクルを回して改善を試みたおかげでミスも減ってきたよ

6 生産管理の3本柱は品質・コスト・納期管理

POINT 不良品を出したがために、大きな損失につながった。回収し、手直しする手間と、不良品をつくる間に良品をつくれたことを考えると、二重のロスだ。

不良品は大きなロスを生む

　生産部門は顧客が望んだ製品を、できるだけ早く（納期）、できるだけ安く（コスト）、できるだけ高い品質で（品質）、つくらなければならない。**品質管理**、**コスト管理**、**納期管理**は生産管理の3本柱といえる。いずれも、おろそかにはできない。しかも、相互に絡み合っている。

　たとえば、不良品や顧客が求める水準を満たしていない製品を出荷してしまったとする。回収し、あらためて良品を製造すると、大きなロスが2つあることに気づく。

　第1に材料代、作業時間、機械の作動時間などがムダになってしまうこと。不良品の廃棄処分代も発生する。第2に不良品をつくってしまったがために、良品をつくる時間が奪われたこと。双方ともコスト増加に直結するのだ。

生産管理の3本柱

製造部門はできるだけ早く、できるだけ安く、できるだけ高い品質でつくることが求められる。これらは相互に絡み合っているため、どれもおろそかにできないのだ。

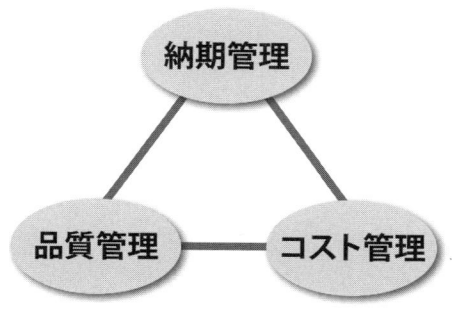

納期管理 — 品質管理 — コスト管理

いいものを安く早く
これがモノづくりの基本でっせ

第3章　製造工程の最適化をはかる――生産管理

問題解決の流れ

PDCAサイクルのうち、チェック、アクションの段階でよく用いられるのが問題解決技法。大まかな流れは次のとおりだ。

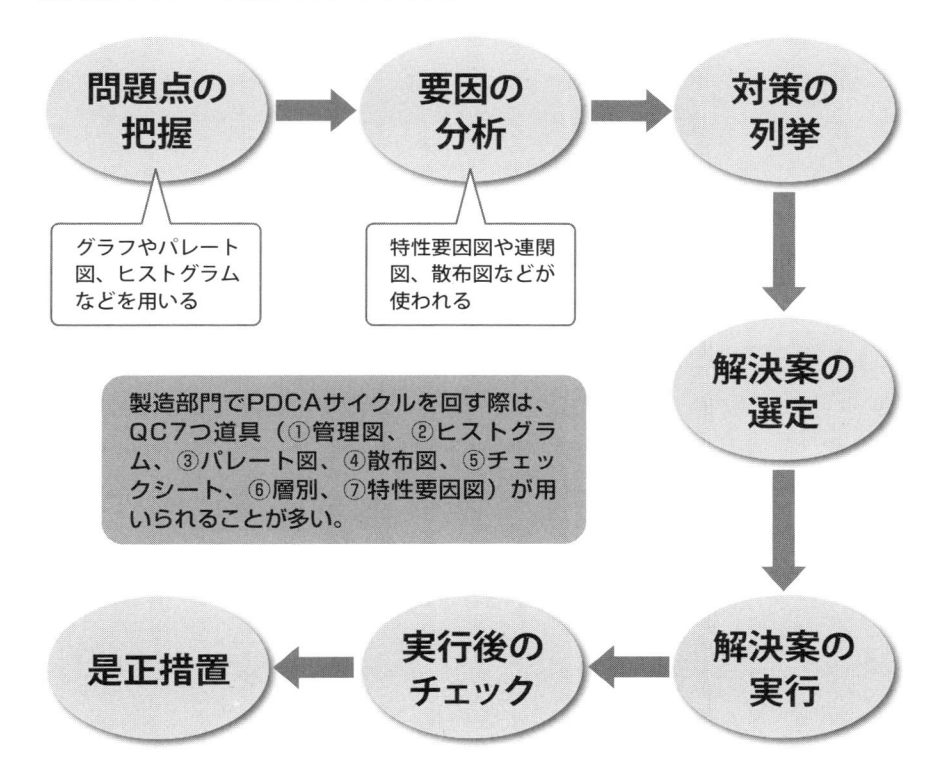

```
問題点の把握  →  要因の分析  →  対策の列挙
                                     ↓
是正措置  ←  実行後のチェック  ←  解決案の実行  ←  解決案の選定
```

- 問題点の把握：グラフやパレート図、ヒストグラムなどを用いる
- 要因の分析：特性要因図や連関図、散布図などが使われる

製造部門でPDCAサイクルを回す際は、QC7つ道具（①管理図、②ヒストグラム、③パレート図、④散布図、⑤チェックシート、⑥層別、⑦特性要因図）が用いられることが多い。

問題解決技法はいつ使う？

問題解決の技法は、PDCAサイクルのチェック、アクションの段階でよく使われる。これはおおよそ①問題点の把握、②要因の分析、③対策の列挙、④解決案の選定、⑤解決案の実行、⑥実行後のチェック、⑦是正措置、といった流れになっている。

問題解決用の道具（解析手法）も開発され、問題点を把握する際はグラフやパレート図、ヒストグラムなど、要因を分析する際は特性要因図や連関図、散布図などが使われる。

7 生産管理の急所は納期管理

POINT 納期遅れは致命的だ。「最初から人員が足りなかった」ではすまない。なぜ人員・設備計画も含めた生産計画が立てられなかったのか、きちんと考えよう。

納期遅れは致命的な結果をもたらす

　せっかく安くて高品質の製品が完成したとしても、顧客に約束した期限までに納品できなければ、顧客は納得しない。自社が自動車部品メーカー、顧客が完成車メーカーだとすると、顧客は部品が期限までに納品されるとの前提で自社の生産計画を立てている。ジャストインタイムの生産方式が定着しているので、ほとんど在庫を持たないから、部品メーカーへの納品が遅れると、作業がストップすることになる。へたをすると、取引を打ち切られるだけでなく、多額の損害賠償を請求されるかもしれない。納期遅れは致命的な結果につながりかねないのだ。

　期限内の納品を実現するために、プロセス全体のスケジュールを管理することを**納期管理**と呼ぶ。全体の納期だけでなく、各工程にも納期が存在する。

生産計画は慎重に

　納期遅れの最大の原因は生産計画の不備。必要なときに材料・部品・治具がそろっていなかったり、機械が空いていなかったり、作業員が欠勤したりと、ささいなミスも多い。

　生産計画は手順計画、工数計画、日程計画、人員・設備計画、調達・外注計画などからなる。最初に手順計画を策定し、加工の順番・方法、作業時間、使用する機械などを決める。そして手順計画をもとに他の計画を策定していくのだ。

第3章　製造工程の最適化をはかる——生産管理

納期遅れの原因と結果

納期遅れの原因で圧倒的に多いのが生産計画の不備。これによって作業がストップし、契約の打ち切りや損害賠償請求など、さまざまな悪影響を及ぼすのだ。

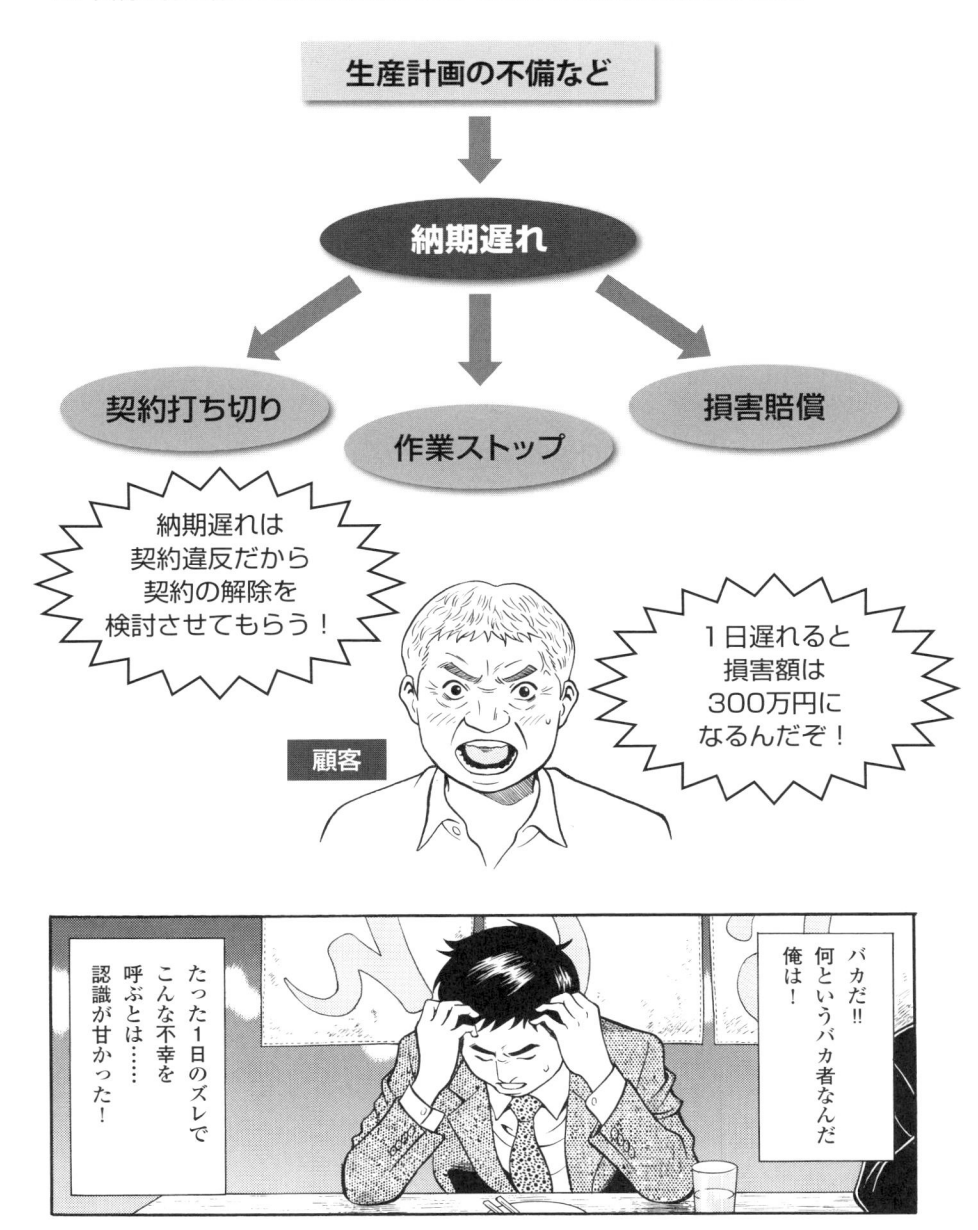

```
        生産計画の不備など
              ↓
           納期遅れ
         ↙    ↓    ↘
   契約打ち切り  作業ストップ  損害賠償
```

納期遅れは契約違反だから契約の解除を検討させてもらう！

顧客

1日遅れると損害額は300万円になるんだぞ！

バカだ!!　何というバカ者なんだ俺は！

たった1日のズレでこんな不幸を呼ぶとは……認識が甘かった！

8 環境、コンプライアンスにも配慮

POINT 産業廃棄物の処理のプロセスは、どうなっている？ きちんと最終処分場にまで行って確認してきたのか？ どんな仕事でも、現場を見ることが大事だ。

企業としての意識の高さが要求される

　日立アプライアンスの冷蔵庫が「エコ」の不当表示で、公正取引委員会から景品表示法違反で排除命令を受けたことがあった。廃棄された冷蔵庫の樹脂をリサイクルして断熱材に使用し、二酸化炭素の排出量を大幅に削減した、とPRしていたが、実際は、ほとんど使っていなかったのだ。経済産業省の省エネ大賞も返上せざるを得なくなり（のちに受賞を取り消された）、企業のイメージダウンにつながった。

　この出来事には**環境**、**コンプライアンス（法令遵守）**という、近年、大きくクローズアップされている２つのテーマが絡んでいる。地球温暖化の問題もあり、企業には環境に負荷をかけない取り組みが求められている。製造業の場合、大なり小なり廃棄物が排出されるので、運搬から最終処理までチェックする必要がある。

コンプライアンスとは

　日本版SOX法（金融商品取引法と、その施行規則の一部）の施行で、上場会社には内部統制制度の確立が求められることになった。ただ、法律のあるなしに関係なく、法令・社会常識に沿った企業行動が求められる時代であることは確か。日立アプライアンスの冷蔵庫の例を見てもわかるように、「製造部門には無関係」とすますことはできない。外注先企業が内部統制のしくみ、情報漏洩への対策を整えているかどうかもチェックする必要がある。

経営者の責任

近年、環境とコンプライアンス（法令遵守）に対する関心が高まっていることから、これまで以上に経営者の責任が問われるようになった。

たとえば、産業廃棄物の処理のプロセスで不正行為が発生した場合

これまでは

- 私は知らなかった…
- 部下が勝手にやったこと…
- 取引先企業の責任…

これからは

経営者の逃げは許されない

つまりは現場で不正行為があったとしても…

経営者が責任を問われるというわけだ　外注に作業を振るときにはくれぐれもチェックを怠らないようにしてくれたまえ

第4章
物流のムダをなくす
——ロジスティックス

モノをつくり、消費者に届けられるまでには、さまざまなプロセスが存在する。そのプロセスのなかには、工場で働く人もいれば、流通部門の人、営業部門の人などもいる。ある部門に配属されると、その部門でやっている仕事がすべてになってしまう傾向があるが、それではモノはうまく流れない。モノの流れをトータルで見て、全体最適化をはかることが肝要だ。

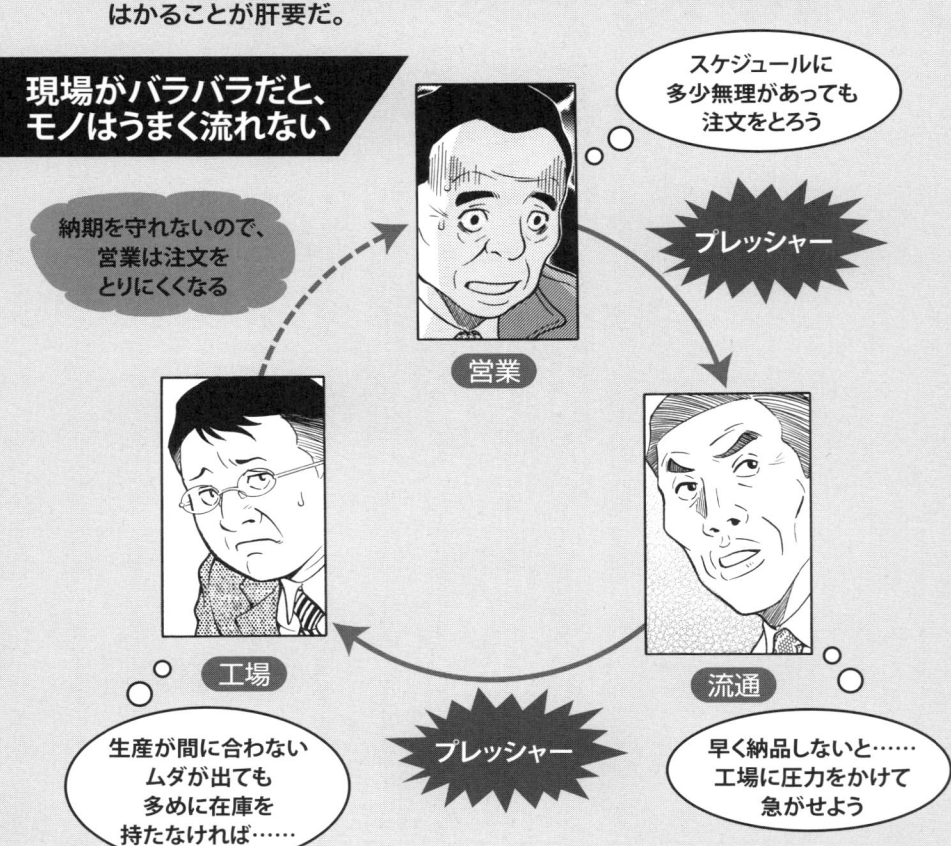

現場がバラバラだと、モノはうまく流れない

営業：スケジュールに多少無理があっても注文をとろう

→ プレッシャー →

流通：早く納品しないと……工場に圧力をかけて急がせよう

→ プレッシャー →

工場：生産が間に合わないムダが出ても多めに在庫を持たなければ……

→ 納期を守れないので、営業は注文をとりにくくなる

ちゃんと廃棄物処理まで面倒みてくださいよ
これも責任者の立派な仕事なんだから

Logistics

1 モノの移動をコントロール──物流管理

POINT 倉庫に在庫が大量に滞留しているようではダメだ。在庫を倉庫に20日間、販社（販売会社）に20日間、合計40日間に縮める方法を考えよう。

■「物流」とはモノの移動

　第3章では**受注生産企業**を取り上げたが、本章では**見込み生産企業**にスポットをあてる。前者は売ってからつくり、後者はつくってから売る。食品・家電・雑貨など消費者を顧客とするメーカーは見込み生産企業であることが多い。

　モノづくりと販売のプロセスをつなげると、**設計・調達・加工・保管・配送・販売**という大きな流れになる。このうち、設計から加工まではメーカーが、保管、配送は卸売り業者が（メーカーが行うことも）、販売は小売店が担当する。

　配送とは製品をメーカーから小売店まで移すこと。設計ではモノは動かないが、調達、加工、保管、配送、販売ではモノ（部品・材料、製品）の移動を伴う。

　モノの移動を**物流**といい、その部分を管理する仕事を**物流管理**と呼ぶ。

物流管理の目的

　物流もモノづくりのプロセスと同じように、できるだけ早く（定められた期限に）、できるだけ安く、できるだけ高い品質を維持することが大切だ。加えて、できるだけ少ない手順で、できるだけ途中の在庫を少なくして、できるだけ環境に負担をかけず、なおかつ法令・社会常識を守って、モノを移動させる必要がある。

　そのなかでも、特に「途中の在庫を少なく」がポイント。物流そのものは、お金を生まない作業なので、徹底したコスト削減が求められる。

物流管理

調達から販売までの一連のモノの移動を「物流」という。この部分を管理する仕事が「物流管理」だ。

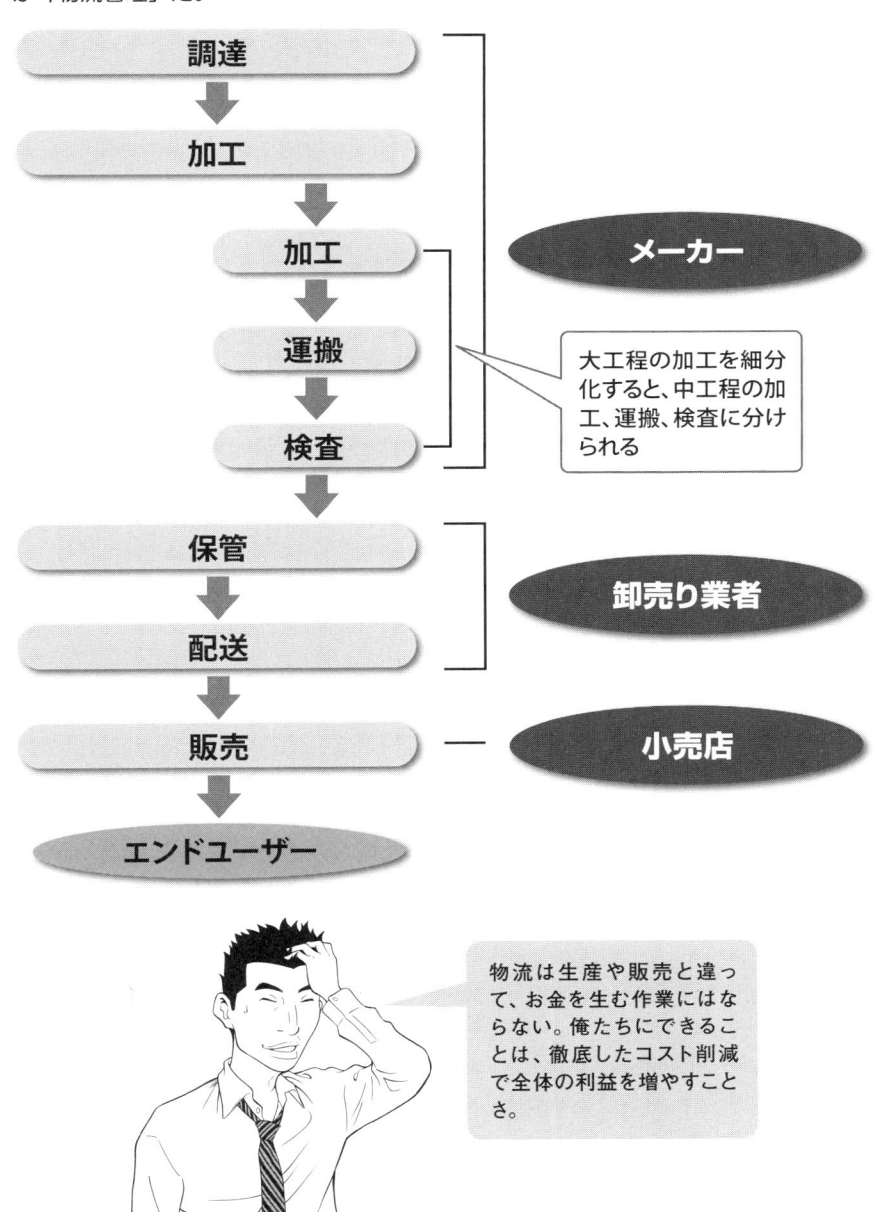

```
調達
 ↓
加工         ┐
 ↓          │ メーカー
加工         │
 ↓          │ 大工程の加工を細分
運搬         │ 化すると、中工程の加
 ↓          │ 工、運搬、検査に分け
検査         ┘ られる
 ↓
保管         ┐
 ↓          │ 卸売り業者
配送         ┘
 ↓
販売  ─── 小売店
 ↓
エンドユーザー
```

物流は生産や販売と違って、お金を生む作業にはならない。俺たちにできることは、徹底したコスト削減で全体の利益を増やすことさ。

2 物流全体を最適化する──ロジスティクス

> **POINT** 保管、配送、販売にもプロセスマネージメントの考え方を導入しよう。最適のプロセスを設計することで、作業時間とコストを減らすのだ。

ロジスティクスは広い範囲をカバー

　ロジスティクスは、もともと「兵站(へいたん)」を意味する軍事用語。物流に焦点をあてた点では、物流管理とさほど違いがないように見える。

　ただ、物流管理が、もっぱら物流プロセスに限られているのに対し、ロジスティクスは部品・材料供給業者や卸、小売店なども含めて、物流全体を最適化することと考えられる。

　また、右ページの図のように、工程と工程の間、部門(参加者)と部門(参加者)の間の物流部分を管理することを物流管理(P.82参照)、調達から販売に至るまでのモノの流れ全体を最適化することをロジスティクスと呼ぶこともできる。このあたりの両者の定義に関する議論は学者・研究者に任せ、私たちは物流管理、ロジスティクスの捉え方・道具を上手に活用していくことを考えよう。

プロダクトアウトとマーケットイン

　見込み生産企業でも、最近の潮流は「プロダクトアウトからマーケットインへ」である。「プロダクトアウト」とは生産したものを売ること、「マーケットイン」とは"売れるものを生産する"という考え方のことだ。前者がメーカーの事情から出発するのに対し、後者は顧客のニーズ(要望・要求)をつかむことからスタートする。

　かつては、モノをつくりさえすれば売れた時代もあったが、現在はニーズに沿っているかどうかが売れ行きを左右する。ニーズをかき立てる商品でない限り、なかなか売れないのが現実だ。

第4章 物流のムダをなくす──ロジスティックス

物流管理とロジスティックスの違い

　物流管理は各工程のつなぎと配送工程を管理するのに対し、ロジスティックスは全工程の最適化を図る。

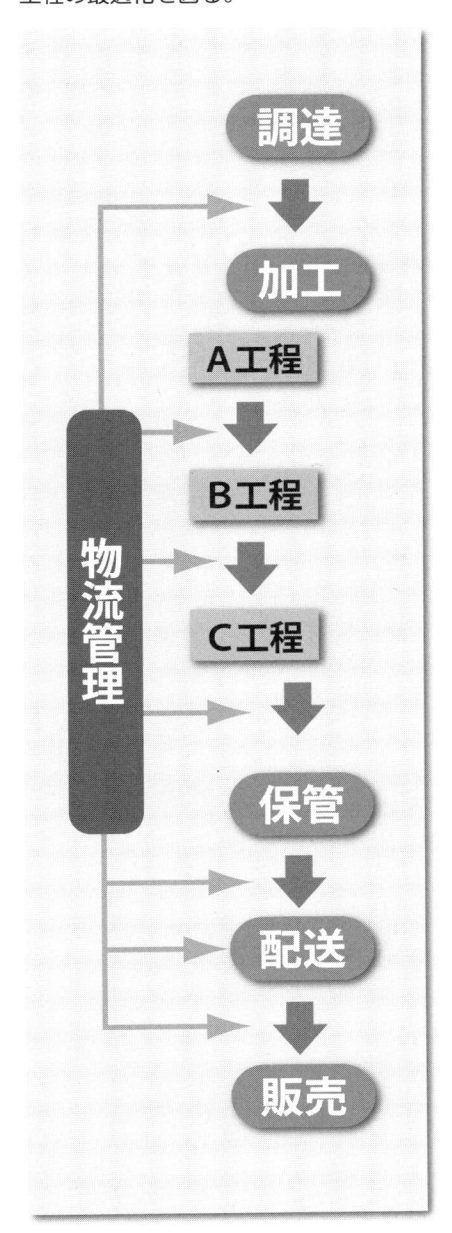

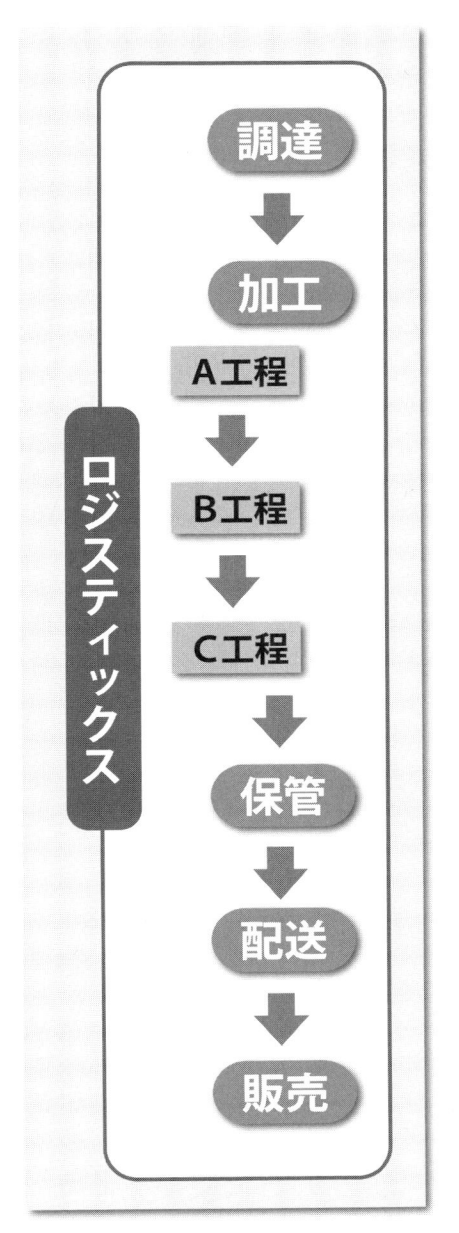

【物流管理】
調達 → 加工 → A工程 → B工程 → C工程 → 保管 → 配送 → 販売
（物流管理が各工程のつなぎと配送を管理）

【ロジスティックス】
調達 → 加工 → A工程 → B工程 → C工程 → 保管 → 配送 → 販売
（ロジスティックスが全工程を統括）

3 ロジスティックスからサプライチェーンマネージメントへ

POINT ロジスティックスやサプライチェーンマネージメントの定義がどうだとか、机上の話は二の次だ。われわれは学者ではなく、あくまで実務家。道具として使えれば十分だ。

サプライチェーンマネージメントは情報を重視

　前項で紹介したロジスティックスと似た概念として**サプライチェーンマネージメント（SCM）**がある。この両者の違いは学者・研究者によってマチマチだが、SCMのほうが、より情報（情報処理）を重視していることは確かだ。SCMの詳細は右ページの図を見てもらうとして、たとえば、配送プロセスは"モノの流れ"に注目すると、輸送、保管、荷役（積み込んだり、降ろしたりすること）、包装、流通加工などに分けられるが、"情報の流れ"に注目すると、受注情報管理、在庫情報管理、出荷情報管理などが行われている。むしろ**受注から出荷までの情報の流れを受けて、モノの配送作業が進められている**といってもいい。

　もちろん、ロジスティックスにもそういう考え方はあるが、SCMのほうが言葉にしたことで、より明確になったといえる。

サプライチェーンマネージメント（SCM）

　サプライとは供給、チェーンとは鎖（くさり）の意。SCMでは原材料の調達に始まり、加工、保管、配送、販売を経て、エンドユーザー（最終需要者）が購入し、使用するまでの全過程を、鎖がつらなっているように、ひとつながりのプロセスと見なす。

　その目的はプロセス全体を最適化するとともに、すべての参加者が十分な利益・価値を得られるような「しくみ」をつくりあげ、改善を続けていくことだ。

※サプライチェーンマネージメントの表記には「サプライ・チェーンマネージメント」「サプライチェーン・マネージメント」などがあるが、日本語として定着すると、中黒（・）がとれる傾向があることを考えて、本書ではサプライチェーンマネージメントで統一した。

ロジスティックスとサプライチェーンマネージメントの違い

ロジスティックスと比べると、サプライチェーンマネージメントは"情報の流れ"を重視している。経営資源や情報を共有し、全体の最適化を目指してプロセスのムダを徹底的に削減することを目的とする。

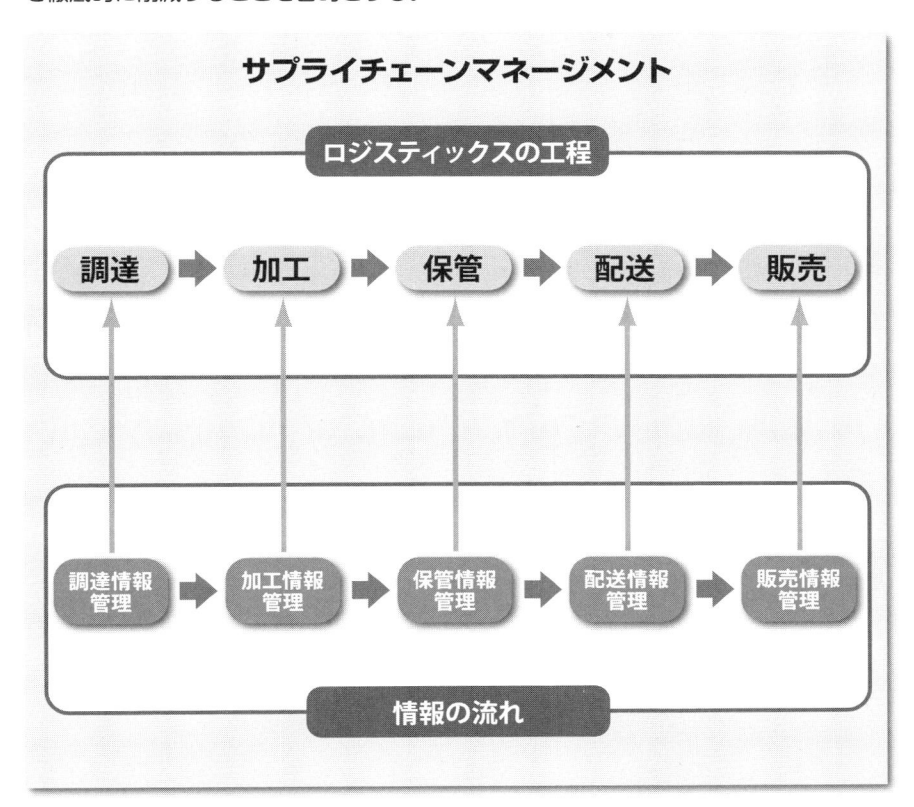

サプライチェーンマネージメント

ロジスティックスの工程

調達 → 加工 → 保管 → 配送 → 販売

調達情報管理 → 加工情報管理 → 保管情報管理 → 配送情報管理 → 販売情報管理

情報の流れ

サプライチェーンマネージメントによって在庫や仕掛かり品の削減　品切れ防止　生産や供給のリードタイムの短縮などさまざまな効果が期待できる

製造命令が出されてから製造が完了するまでの期間が短ければ短いほど顧客は喜ぶ

4 ロジスティックスの効率をUP！
──プロセスマネージメント

POINT インバウンドはメーカーに入ってくるまで、アウトバウンドはメーカーから出て販売に至るまでのプロセスだ。両者を比較すると、改善点が見えてくるだろう。

■ インバウンドとアウトバウンドに二分される

　ロジスティックスも一種のプロセスマネージメント。メーカーの視点で、調達から販売までの流れを見ると、原材料・部品を調達し、製品をつくる**インバウンド**（メーカーに入ってくる）のプロセスと、工場から出荷し、保管、配送を経て、販売に至るまでの**アウトバウンド**（メーカーから出ていく）のプロセスに二分できる。

　インバウンドには工程管理、納期管理など製造工程で発達したプロセスマネージメントの技法が使われているが、アウトバウンドのプロセス管理技法は少ない。

　というのも、従来はアウトバウンドをプロセスとして見ていこうという発想がなかったからであるが、ロジスティックスが浸透してからはアウトバウンド（配送・販売）もプロセスとされ、プロセスマネージメントの対象とされるようになったのだ。

物流の3区分

　調達、加工、保管、配送、販売はプロセスを仕事順に見たものだが、参加者に注目すると、原材料・部品供給業者→製品メーカー→倉庫→流通センター→小売店→消費者（エンドユーザー）という流れになる。
　このうち原材料・部品供給業者→製品メーカーの部分を調達物流（購買物流）、製品メーカー→倉庫の部分を生産物流、倉庫から消費者までの部分を販売物流（市場物流）と区分することもできる。

第4章　物流のムダをなくす——ロジスティックス

インバウンドとアウトバウンド

インバウンドは製品メーカーに入ってくるまで、アウトバウンドは製品メーカーを出て販売に至るまでのプロセス。ロジスティックスが浸透してからは、配送や販売もプロセスマネージメントの一環として注目されるようになった。

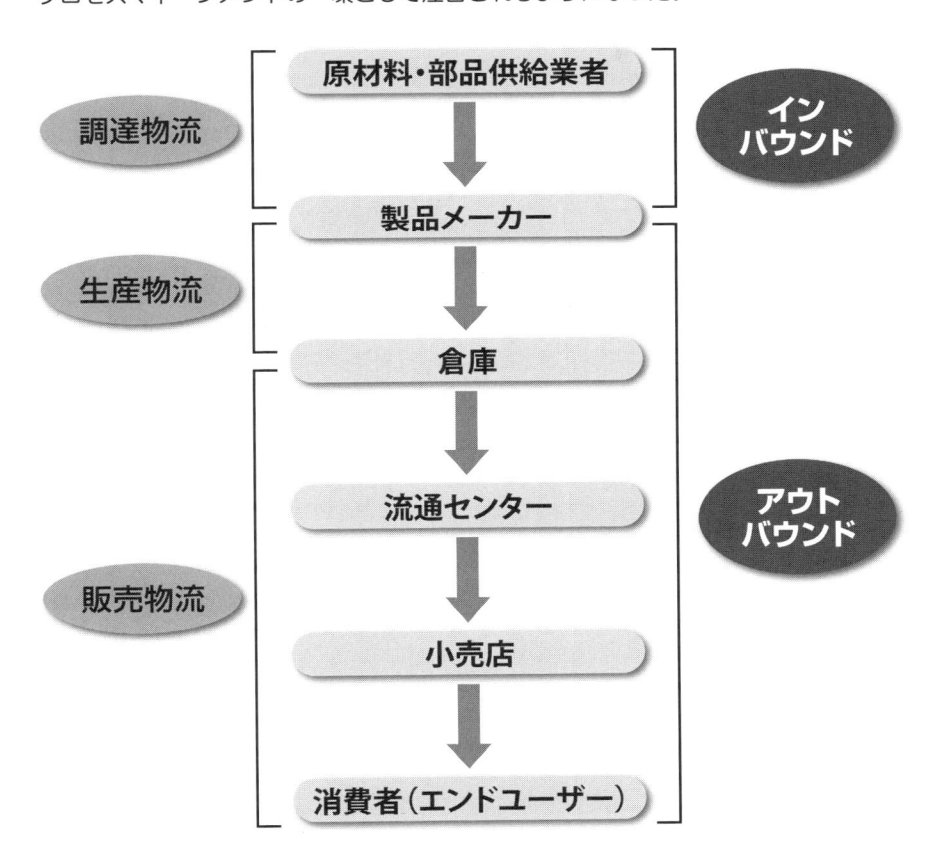

```
            原材料・部品供給業者
調達物流            ↓                 インバウンド
             製品メーカー
生産物流            ↓
               倉庫
                ↓
            流通センター              アウトバウンド
                ↓
販売物流         小売店
                ↓
          消費者（エンドユーザー）
```

インバウンドとアウトバウンドを比べるとアウトバウンドでの納期や工程の管理が甘いな

注文があってから小売りに納品するまでのリードタイムを2分の1に短縮できないものかなぁ

Logistics

5 調達・生産プロセスを効率化 ——カンバン方式

POINT モノをつくって販売するプロセスには、モノの流れ、情報の流れ、お金の流れの3つがある。特に管理者は情報の流れに注目しよう。

仕掛かり在庫を最小限に止める

　ロジスティックスで大きな焦点となるのは、在庫の問題。トヨタ自動車が開発した**カンバン方式**は、インバウンド（調達・生産プロセス）での仕掛かり在庫を最小限に止めるという、優れた生産方式だ。特徴は**カンバン**と呼ばれる道具を使用することで、モノの管理と、モノの生産を指示する情報の管理を一体化させたことだ。

　具体的に説明すると、まず前工程の産出物を後工程に渡す際、部品名と数量が書かれたカンバンも一緒に渡す（納品書の役目）。後工程で部品を使用し終わったら、カンバンを前工程に戻すことで、発注票としても使われる。このように、カンバンが行ったり来たりすることで、納品書と発注書の役目を果たしながら、製造工程を制御しているわけだ。実際は1枚のカンバンが移動するのではなく、**仕掛けカンバン**と**引き取りカンバン**という2種類のカンバンが使われている（右ページの図参照）。

ジャストインタイム

　ジャストインタイムとは「必要なモノを、必要なときに、必要な量だけ」を意味する。カンバン方式と同様に使われる。生みの親、大野耐一・元トヨタ自動車副社長はスーパーマーケットが消費者の必要とするものを、必要なときに、必要なだけ提供できることに注目し、スーパーを前工程、消費者を後工程と考え、生産工程に応用。

　その結果、後工程が前工程に指示を出すことで、つくりすぎや部品の滞留を最小限に止めることに成功した。

仕掛けカンバンと引き取りカンバン

カンバンはその用途から、生産指示に必要となる「仕掛けカンバン」と、後工程から前工程への部品の運搬指示に使われる「引き取りカンバン」に大別される。

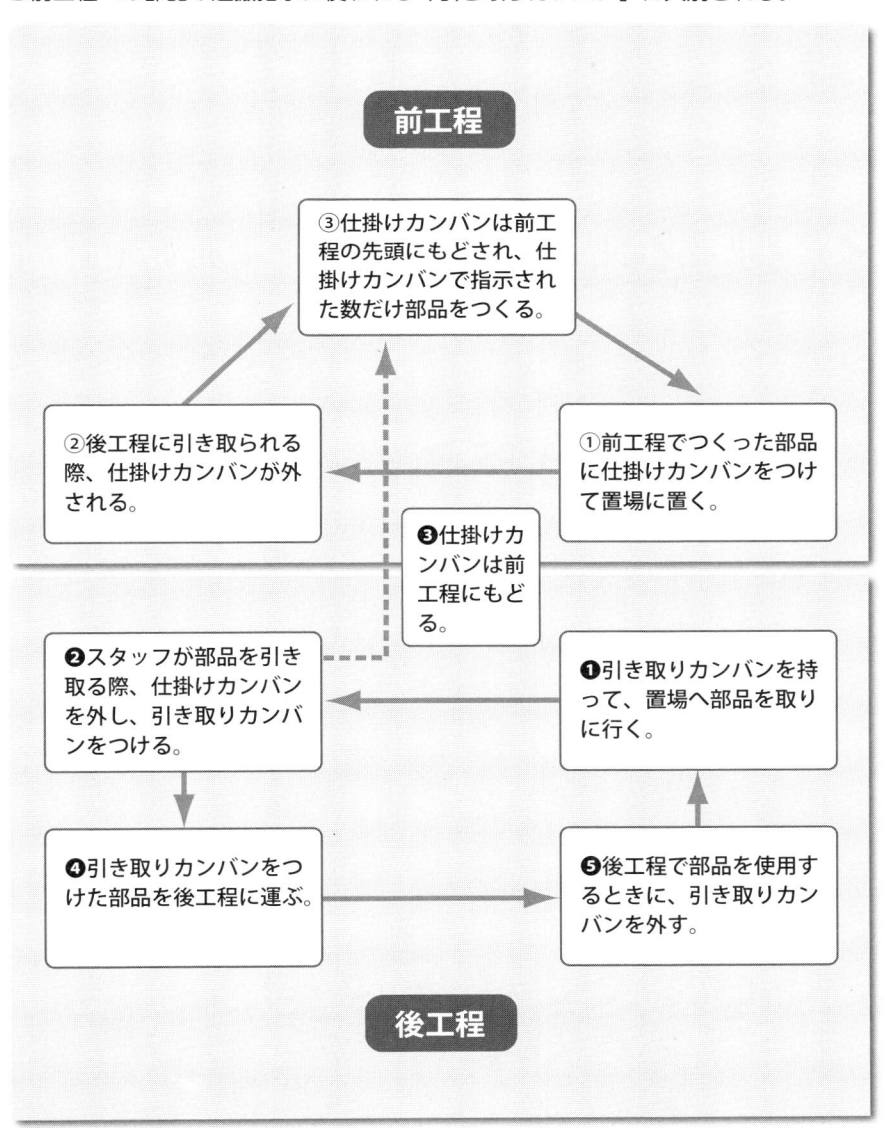

前工程

③仕掛けカンバンは前工程の先頭にもどされ、仕掛けカンバンで指示された数だけ部品をつくる。

②後工程に引き取られる際、仕掛けカンバンが外される。

①前工程でつくった部品に仕掛けカンバンをつけて置場に置く。

❸仕掛けカンバンは前工程にもどる。

❷スタッフが部品を引き取る際、仕掛けカンバンを外し、引き取りカンバンをつける。

❶引き取りカンバンを持って、置場へ部品を取りに行く。

❹引き取りカンバンをつけた部品を後工程に運ぶ。

❺後工程で部品を使用するときに、引き取りカンバンを外す。

後工程

※トヨタ自動車は「かんばん」と、ひらがなで表記。普通名詞として使われる際は「カンバン方式」とカタカナを使用する例が多い。

出典：トヨタ自動車

6 生産能力が低い "ボトルネック"を解消する

POINT ボトルネックは作業プロセスにおいて最も生産能力の低い箇所のこと。他の工程がどんなに効率的で高品質でも、全体の効率や品質をおとしめる効果があることから、そのマネージメントはきわめて重要だ。

■ボトルネックは著しく生産能力が低い工程

　イスラエルの物理学者、エリヤフ・ゴールドラットが開発した**制約条件理論**（TOC：Theory of Constraints）という理論では、製造工程において加工中のもの、いわゆる"仕掛かり品"の滞留に注目する。たとえば、製造工程のうち、A工程の前に多量の仕掛かり品がたまっているとすると、ほかに理由がなければ、A工程は他の工程に比べて著しく生産能力が低いと見なさざるを得ない。このようなときのA工程を**ボトルネック**と呼ぶ。ネックとは、円滑な流れを阻害する要因のことだ。

　逆に、B工程で工程待ち（前工程から部品が届かないので、作業にとりかかれないこと）が発生したとすると、前工程に遅れが生じているのでなければ、B工程の処理能力が、定められた仕事量を上回っていると見なせる。そのためB工程は**非ボトルネック**となる。モノの流れはボトルネックで詰まるので、まずはボトルネックの問題を解決しなければならない。

ボトルネックの解消法

ボトルネックの解消法はさまざまだが、ここでは代表的な2つの例を紹介しよう。

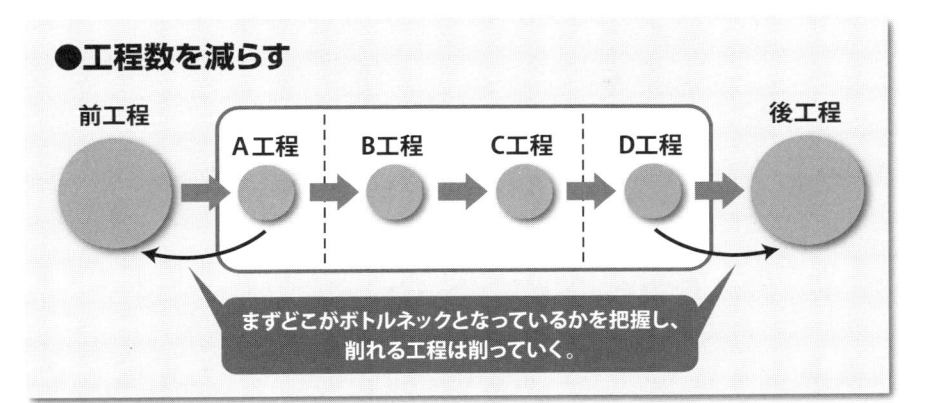

●工程数を減らす

前工程 → A工程 → B工程 → C工程 → D工程 → 後工程

まずどこがボトルネックとなっているかを把握し、削れる工程は削っていく。

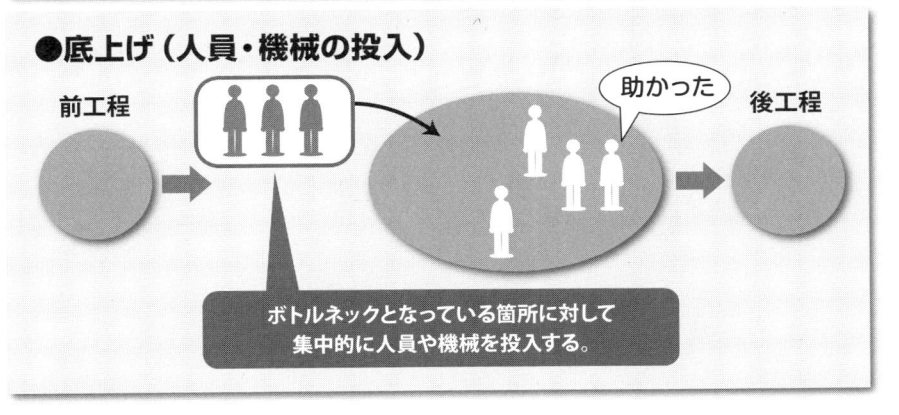

●底上げ（人員・機械の投入）

前工程 → [人員・機械の投入] → 後工程

助かった

ボトルネックとなっている箇所に対して集中的に人員や機械を投入する。

ボトルネックはプロセス全体の見直しを

　ボトルネックとされたA工程でさえ、生産量が定められた水準を超えているのであれば、他の工程の人員・機械・作業量などを再配分し、作業スピードをA工程に合わせる手もある（同期化）。
　ただ、実際はボトルネックとなっている工程の能力を底上げしたり（人員・機械を投入する）、工程を再編成したりすることで、ボトルネックを解消することが多い。もっとも、プロセス全体を最適化しない限り、いずれ別のボトルネックが生じるのだが……。

7 非ボトルネックを解決し工程を平準化させる

> **POINT** まずは問題の把握と、それを引き起こした要因の分析だ。皆が思う「好ましくない結果」をカードに書き出してほしい。次に「好ましくない結果」同士の因果関係を明確にしよう。

ボトルネック解消後は非ボトルネックの解決を

　ボトルネックの問題を解消したら、次に非ボトルネックの問題解決に取り組む。非ボトルネックとは処理能力が定められた仕事量を上回っていることを意味するので、その工程の人員・機械を他の工程に回したり、前工程や後工程の一部を取り込んだりすれば、工程ごとの差がなくなり、平準化される。

　制約条件理論は、こうした問題を解決するための技法・道具を豊富に備えている（右ページの下図参照）。たとえば、問題把握・原因追求ステップでは**現状問題構造ツリー**、原因追究ステップでは**中核対立の雲**（問題を生み出している対立を探す）、解決案の選定ステップでは**蒸発する雲**（対立の解消）、未来のあるべき姿とそのマイナス要因を示す**未来構造ツリー**などを利用することができる。

現状問題構造ツリーとカード型問題解決法

　現状問題構造ツリーは複数の「好ましくない結果」をカードに書き出し、カード同士を因果関係の矢印で結んでいくものだ。一見すると、KJ法※などのカード型問題解決法に似ているが、カード同士を因果関係で関連づけるのは、カード型問題解決法がもっとも嫌うところ。あらかじめ「ストーリー」をつくると、思いもよらなかった真の原因が見えてこないからだ。状況に応じて、問題解決技法を上手に選択しなければいけない。

※KJ法：川喜田二郎・東京工業大学名誉教授が開発した問題解決技法。現状をカードに記述し、そのカードをグルーピングしていくことで、問題、真の要因、解決策などを導き出すもの。

第4章　物流のムダをなくす──ロジスティックス

非ボトルネックの解決法

ボトルネックの解消法は、非ボトルネックからボトルネックになっているところへ奉仕させて、能力の底上げをはかることが一般的だ。

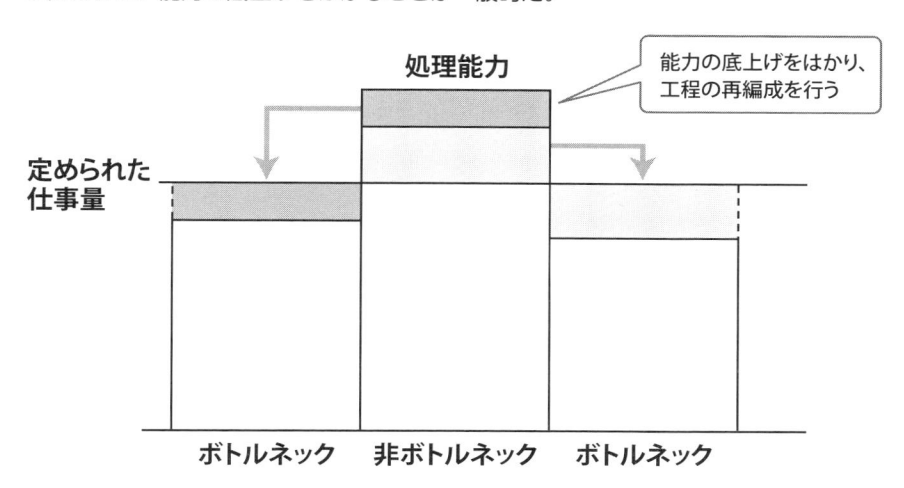

処理能力

能力の底上げをはかり、工程の再編成を行う

定められた仕事量

ボトルネック　　非ボトルネック　　ボトルネック

問題解決のプロセス

- **問題点の把握** ●●● 現状問題構造ツリー
- **原因の追求** ●●● 現状問題構造ツリー
  中核対立の雲
- **対策の列挙** ●●● 蒸発する雲
- **解決案の選定** ●●● 蒸発する雲
  未来構造ツリー
  ネガティブランチ等
- **解決案の実行** ●●● 前提条件ツリー
  移行ツリー等

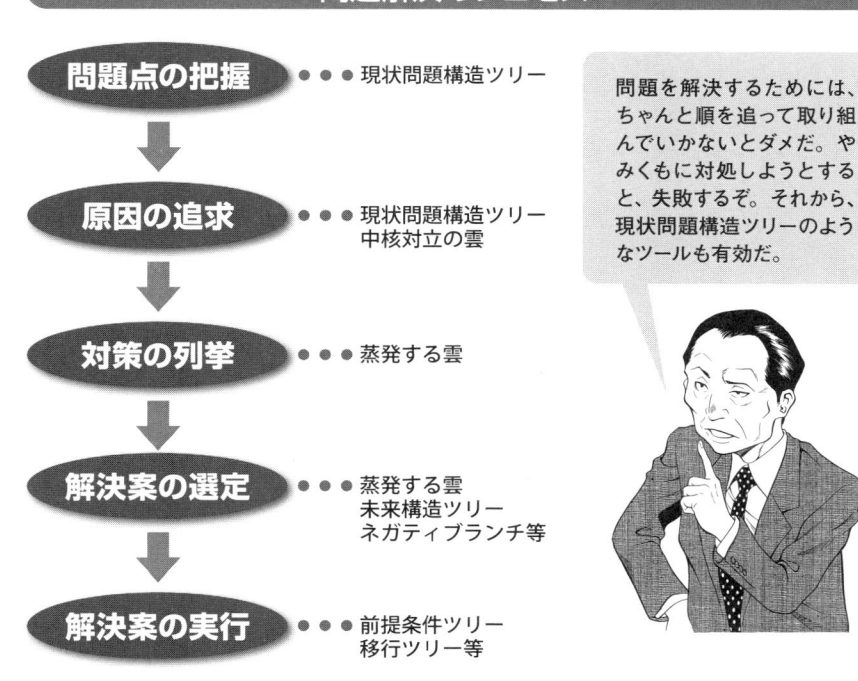

問題を解決するためには、ちゃんと順を追って取り組んでいかないとダメだ。やみくもに対処しようとすると、失敗するぞ。それから、現状問題構造ツリーのようなツールも有効だ。

8 プロセスの全体最適には調整型マネージャーの出番

POINT ロジスティックス・マネージャーの仕事は非常に難しい。販社の経営者は、ひとくせも、ふたくせもある連中ばかりだ。高圧的に出ると反発されるし、弱腰だと見くびられるぞ。

ロジスティックスには独断専行型リーダーは向かない

　調達から販売までを一連のプロセスと考えると、部分最適（下位プロセスや部門、組織にとってベストなこと）が自動的に全体最適（全体のプロセスにとってベストなこと）になるとは限らない。逆に、あるプロセスにとってベストなことが、次のプロセスにとって最悪の事態を招くことさえある。

　たとえば、あるプロセスが利益を極大化するために、モノの価格をアップさせると、次のプロセスのコスト負担が増える。こうした状況に対応するためには、全体を統括する管理者（管理組織）の存在が必要不可欠だ。ただ、幅広い範囲をカバーすることから、相当の権限を持っていないと指揮をとれない。ロジスティックスには多くの他企業が参加するため、独断専行型のリーダーシップでは絶対に成功しないのだ。

自律型組織

　ロジスティックス・マネージャー※として大切なのは、戦略、方針、連絡・報告のしくみなどをしっかりと整えたうえで、任せるべきところは任せることだ。たとえばカンバン方式では、現場で機械の異常を発見したら、管理者の許可を待たないで、ラインをストップさせることができる。これは、許可をとっている間に、前工程で仕掛かり在庫の滞留、後工程で部品不足などに陥る可能性があるからだ。

※ロジスティックス・マネージャー（ロジスティックスの最高責任者）は命令・指示ではなく、説得の技法を使用するべき。制約条件理論でも「問題に関して同意を得る」「解決の方向に関して同意を得る」と「説得（同意は説得の結果）」に時間と労力をかけるべきことを強調している。

回収、リサイクル、廃棄

　環境問題への意識の高まりから、ロジスティックスのプロセスが延長され、消費・使用（最終需要者）、回収、リサイクル、廃棄などのプロセスが加わった。廃棄物は最終需要者からだけでなく、途中の段階でも生まれており、廃棄物処理のプロセスを組み込まなければ、社会的責任を果たしたとはいえない。

　利益だけを追求すればよかった時代から、環境、コンプライアンス、安全性などもクリアしなければいけない時代へ変わりつつある。各工程、部門、組織の意識向上も欠かせないが、ロジスティックス・マネージャー（ロジスティックスの最高責任者）の管理責任が、いっそう大きくなったといえるだろう。

回収、リサイクル、廃棄もロジスティックスのプロセスに

調達 → 加工 → 保管 → 配送 → 販売 → 消費・使用 → 回収 → リサイクル／廃棄

ちゃんと廃棄物処理まで面倒みてくださいよ　これも責任者の立派な仕事なんだから

第5章
「売れるしくみ」をつくる
——マーケティング

高度成長時代は、良質で安い商品を出せばどんどん売れたが、モノがあふれている時代となった今、消費者ニーズに合ったモノをつくらなければ売れなくなってきている。会社は何をつくって、いくらで、どのように売ればよいのか、どのように知らせればよいのか。こうした方法を体系化したのがマーケティングだ。

売り上げを伸ばしたい優秀な人材もほしい

マーケティング・ミックスは提供者側からの発想になりがちだしかしそれではダメだ

お金を払う価値があるのか保証やアフターサービスなどは万全か顧客視点や顧客の購買プロセスを意識しながら検討する必要がある

確かに30代の会社員が対象といわれたら自分のことかと思って気になりますね

Marketing

1 売れるために何をすべきか？
――マーケティング

POINT マーケティングは販売そのものではない。販売をサポートし、顧客のニーズに応える売れるしくみをつくりあげることだ。

ターゲット市場のニーズから出発せよ

　マーケティングの権威、フィリップ・コトラーはマーケティングを「どのような価値を提供すれば、ターゲット市場のニーズを満たせるかを探り、その価値を生み出し、顧客に届け、そこから利益をあげること」と定義した。

　つまり、マーケティングは、①ターゲット市場のニーズを探り、②市場のニーズに合う「価値」を生み出し、③その価値を顧客に届け、利益をあげるという3つの要素から成り立っているわけだ。

　最終目標は、あくまでも利益をあげること。そのためには売る側の事情を押しつけるのではなく、顧客のニーズに応える**売れるしくみ**をつくらなければいけない。顧客がほしいモノをつくり、取り扱うことで、商品がひとりでに売れていくことが理想なのである。

フィリップ・コトラー

　米国イリノイ州のノースウェスタン大学ケロッグ・スクール・オブ・マネージメント教授。1967年に出版された最初の著書『マーケティング・マネージメント』はマーケティングの体系化に先鞭をつけ、「マーケティングのバイブル」として、学生だけでなく、ビジネスマンや研究者に至るまで幅広く支持されている。

　心理的要因が大きく、数値化しにくいマーケティングを「科学」にまで昇華した功績は絶大である。

第5章 「売れるしくみ」をつくる──マーケティング

市場とは何か

マーケティングにおける「市場」とは、以下の2つの定義が含まれる。

> すでに製品・サービスを購入している個人、組織

＋

> 製品・サービスを購入する見込みのある個人、組織

製品・サービスを実際に購入した顧客だけが市場ではない。購入を検討している見込み客も、市場に含まれるのだ。

利益をあげたいからといって製品やサービスを顧客に押しつけてはダメだ

市場を調査し顧客が何を求めているかを把握したうえで製品やサービスを提供するのだ

2 欲求・願望を満たすには
──顧客のニーズ①

POINT 顧客が求めているものを「ニーズ」と呼ぶ。ニーズは漠然とした願望や具体的な商品・サービスに対する欲求などを含む。

顧客は価値のないものには、お金を払わない

　顧客は自分にとって価値あるものを求めている。価値のないもの、価値を感じないものに大切なお金を払うことはない。「〜をしたい」「〜がほしい」という欲求・願望が**ニーズ**であり、その欲求・願望を満たすものが価値だといえる。

　ニーズにはさまざまな種類があるが、ここでは「広義のニーズ」「狭義のニーズ」という視点から解説しよう。

　広義のニーズは、狭義のニーズと**ウォンツ**の2つの意味を含む。狭義のニーズとは「漠然とした願望」、ウォンツとは「特定の商品やサービスで自分の願望を満たしたいという欲求」を意味する。

　一般にニーズというときには広義のニーズを指す。ニーズの把握は製品開発の際、不可欠になるので、頭に入れておくようにしよう。

マズローの5段階欲求説

　人間には基本的な「欲求」がある。いろいろな説があるが、マズローの5段階欲求説が有名。「生理的欲求」「安全安定欲求」「親和欲求」「承認欲求」「自己実現欲求」の5種類が基本的な欲求だとされている。
　生理的欲求は最も下位レベルの欲求で、自己実現欲求が最も上位レベルの欲求。古典的な説だが、わかりやすいので、まずはここから理解を深めていくのが良いだろう。

第5章 「売れるしくみ」をつくる——マーケティング

ニーズの分類

一般的にニーズというと、広義のニーズを指すことが多い。広義のニーズは、以下のようなイメージになる。

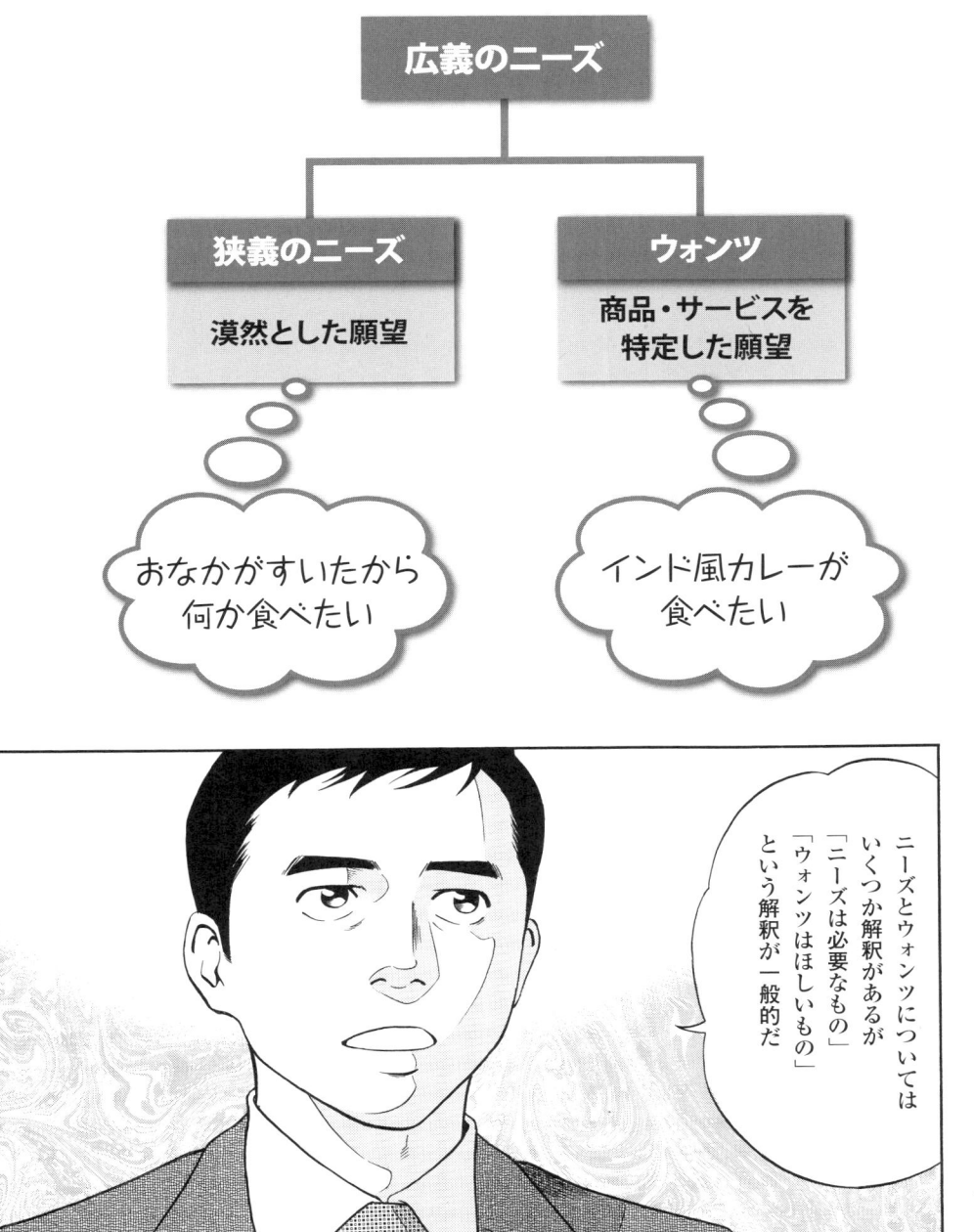

```
        広義のニーズ
         ／      ＼
   狭義のニーズ   ウォンツ
   漠然とした願望  商品・サービスを
                特定した願望
```

狭義のニーズ：「おなかがすいたから何か食べたい」

ウォンツ：「インド風カレーが食べたい」

ニーズとウォンツについてはいくつか解釈があるが「ニーズは必要なもの」「ウォンツはほしいもの」という解釈が一般的だ

103

Marketing

3 顧客の潜在的欲求を探る
——顧客のニーズ②

POINT ニーズには、すでに顧客が意識している「顕在ニーズ」と、まだ顧客が意識していない「潜在ニーズ」とがある。潜在ニーズをつかまえれば、利益は大きい。

顧客の気づいていない商品・サービスを発掘する

　顕在ニーズとは、すでに顧客が意識しているニーズ、**潜在ニーズ**は、まだ意識していないニーズを指す。昨今、顧客自身がほしいもの、いわゆるニーズがわからない時代だといわれているが、潜在ニーズを知ることによって、顧客の心の奥を知り、顧客の気づかなかった商品・サービスを提案することができるのだ。

　潜在ニーズを探り、顧客が求める商品・サービスを提供したときは、顕在ニーズに応える商品・サービスを提供したときよりも、驚きや感動が大きくなることが多い。結果として、顧客は価値を大きく感じることになる。値引きされず、利益も大きくなるのだ。

　潜在ニーズは競合もつかんでいない可能性が高い。きちんとつかむことができたら、競争でも優位に立つことができるだろう。

全員がマーケティングの重要性を理解する

　真のマーケティングを実現するためには、会社の、ある部門だけがマーケティングの責任を果たすのではなく、従業員全員がマーケティングの重要性を認識することが大切だといわれる。

　製造部門、管理部門だからといって、マーケティングの意識が皆無では困る。マーケティングとは自社の商品・サービスの価値を、できるだけ多くの機会をとらえて、効果的に顧客に伝えることと同義だからだ。

第5章 「売れるしくみ」をつくる──マーケティング

潜在ニーズを把握する意義

潜在ニーズを把握し、利益につながるまでのプロセスは、以下のようになっている。

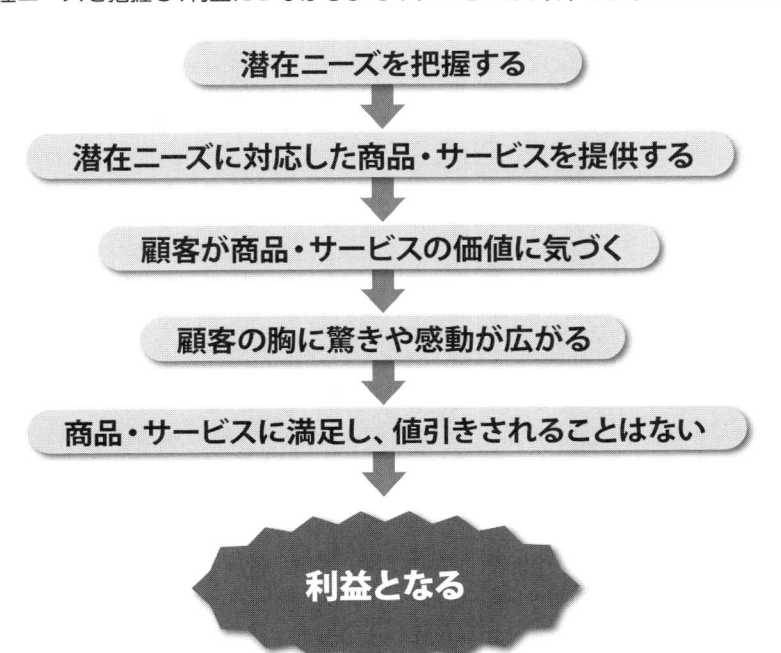

```
潜在ニーズを把握する
      ↓
潜在ニーズに対応した商品・サービスを提供する
      ↓
顧客が商品・サービスの価値に気づく
      ↓
顧客の胸に驚きや感動が広がる
      ↓
商品・サービスに満足し、値引きされることはない
      ↓
利益となる
```

GOOD ★ CURRY

男性:「マーケティングは得意分野ですからね」「潜在ニーズの把握っていうやつです」

女性:「いわれてみれば 確かにカレーが食べたかったわ」「でもどうしてわかったの?」

4 マーケティングもプロセスマネージメントの対象

POINT マーケティングは膨大な「仕事のかたまり」。きちんとプロセスを意識して実行していかないと、スムーズに進まないだけでなく、効果を検証できなくなる。

マーケティングは5つのステップに分けられる

　マーケティングは広告・宣伝、あるいは販売・営業だけを意味するものではなく、膨大な「仕事のかたまり」といってよい。ここではプロセスマネージメントの手法が有効で、**調査**（マクロ・ミクロ環境分析、SWOT分析）、**ターゲット市場の絞り込み**（セグメンテーション、ターゲッティング、ポジショニング）、**マーケティング・ミックス**（商品開発、価格設定、流通チャネル、販売促進）、**実施**（マーケティング組織・機能の構築＋部署間の連携）、**管理**（売上・利益計画の策定、実施、検証、見直し、修正実施）の5つのステップに分けることができる（右図参照）。

　マーケティングが、きちんとしたプロセスに沿って実行されているかどうかで、生み出される効果は大きく違ってくる。

見込み客づくり

　顧客というと既存客のことを意識しがちだが、新規開拓（新しい顧客候補を見つけ、顧客として定着させること）こそマーケティングの出発点といえる。

　これから買おうとする人も「見込み客」という名のお客様。見込み客をつくることは企業にとって、このうえなく重要で、多くの企業が見込み客づくりに多額のコストをかけている。組織全体が見込み客づくりのプロセスを理解しておく必要がある。

第5章　「売れるしくみ」をつくる——マーケティング

マーケティングの5つの基本プロセス

マーケティングはきちんとしたプロセスに沿って実行されているかどうかで、そのもたらす効果が違ってくる。以下の基本プロセスを頭に入れておこう。

1　調査　マクロ・ミクロ環境分析、SWOT分析

2　ターゲット市場の絞り込み　セグメンテーション、ターゲッティング、ポジショニング

3　マーケティング・ミックス　商品開発、価格設定、流通チャネル、販売促進

4　実施　マーケティング組織・機能の構築＋部署間の連携

5　管理　売上・利益計画の策定、実施、検証、見直し、修正実施

いやあ盛況だな

見込み客の宝庫ですね　社に戻ったらリストを作成して早速ダイレクトメールを送付しましょう

5 自社を取り巻く環境を調査する──マクロ環境分析

POINT マーケティング・プロセスの最初のステップはマクロ環境分析。会社が置かれた状況を正確に把握しなければ、次のステップに進めず、有効な手も打てない。

政治・経済・社会状況は企業経営に大きな影響を与える

　企業を取り巻く環境は、大きく分けると**外部環境**と**内部環境**がある。外部環境は企業に影響を与える要素のうち、自社の外にあるもの。さらに細分化すると、「競合他社」「代替品・代替サービス」「購入者」「新規参入者」「供給業者」などが挙げられる。内部環境は自社内の環境のことを指す。

　外部環境を分析する代表的な方法のひとつが**マクロ環境分析**だ。政治・経済・社会状況は企業経営に大きな影響を及ぼすが、これらを分析し、自社の置かれた状況を把握する。具体的には、①政治・法的要因、②人口動態的要因、③経済的・社会的要因、④技術的要因、⑤国際的要因などになる。

　マクロ環境分析と並ぶ外部環境分析の代表的手法として「ミクロ環境分析」が挙げられるが、これは次の項で詳しく説明する。

　マーケティングの最初のプロセスは自社を取り巻く環境の分析だ　魚のいない漁場に船をこぎ出しても何も釣れないし　嵐の海に船を出すことは　無謀だ

　また　たとえ漁場があってもやみくもに出漁すれば危険を伴う　マグロを獲るのとタイを釣るのとでは装備も大きく異なるはずだ

第5章　「売れるしくみ」をつくる──マーケティング

外部環境分析と内部環境分析

外部環境	マクロ環境	政治・法的要因	税制、関連法規、環境対策、消費者保護、情報公開など
		人口動態的要因	少子化、過疎化など
		経済的・社会的要因	国民所得、景気、雇用環境、ライフスタイル、金銭感覚など
		技術的要因	コンピューターと通信システム、新素材、省エネ、バイオテクノロジーなど
		国際的要因	国際経済、貿易状況、各国の動向など
	ミクロ環境	市場的要因	市場規模、市場シェア、サプライヤーなど
内部環境	社内環境	社内的要因	資金力、人材、研究開発力、情報システム、営業力、ネットワークなど
		顧客的要因	性別、年齢、所得、家族構成、居住地、趣味、ライフスタイルなど
		商品的要因	商品コンセプト、品質、デザイン、価格、コスト、広告活動など

内部環境分析とは、経営資源の配分状況と効率的な運営が図られているかどうかを分析することをいう

（安田貴志『絵でみるマーケティングのしくみ』をもとに作成）

外部環境の変化

　マクロ環境の変化はすべての企業に影響を及ぼすが、ミクロ環境の変化は、それぞれの企業によって影響度が異なる。たとえば、「CO_2 25％削減」は全企業を揺るがすことは間違いない。ただし、大きな外部環境変化が起こっても、いろいろな工夫で影響度を小さくしたり、環境変化を先読みして前もって改善を図っていったりすることで、危機を乗り越えることができる。

Marketing

⑥ よりダイレクトで影響が大
——ミクロ環境分析

POINT マーケティング・プロセスの次のステップはミクロ環境分析。競合や新規参入者などストレートに自社の経営・販売に影響を与える要素が対象となる。

ミクロ環境分析をマクロ環境分析より重視する

　ミクロ環境分析で対象になるのは、競合や新規参入者など、直接的に自社の経営・販売に影響を与える要因だ。政治・法的要因、経済的・社会的要因などによって引き起こされるマクロ環境の変化よりも、市場要因によって生じるミクロ環境の変化のほうがダイレクトに影響を受ける可能性が高いという説が強い。

　経営学者であるマイケル・E・ポーターが提唱する「**バリューチェーン**」という考え方は「企業の創造する顧客価値は、さまざまな活動の連鎖からなる」（『競争の戦略』）と、ミクロ分析をマクロ分析より重要視している。ちなみにマイケル・E・ポーターは、自社の事業が持つ強みと弱み、取り巻く環境の機会と脅威を分析する**SWOT分析**を活用したことでも知られている。

SWOT分析とは

　SWOTは、強み（Strength）、弱み（Weakness）、機会（Opportunity）、脅威（Threat）の頭文字をとったもの。外部環境、内部環境、経営資源などを分類し、4つの象限（強み－機会、強み－脅威、弱み－機会、弱み－脅威）の上に位置づけることで、自社の課題・問題点などが明確になる。

　問題意識を共有するのにも役に立つことから、問題解決、経営戦略の策定の際などにも、しばしば使われる。

SWOT分析

SWOT分析とは、以下のように自社の強み（Strength）、弱み（Weakness）、機会（Opportunity）、脅威（Threat）の4つを整理し、どのような対応をとるべきかを考えること。

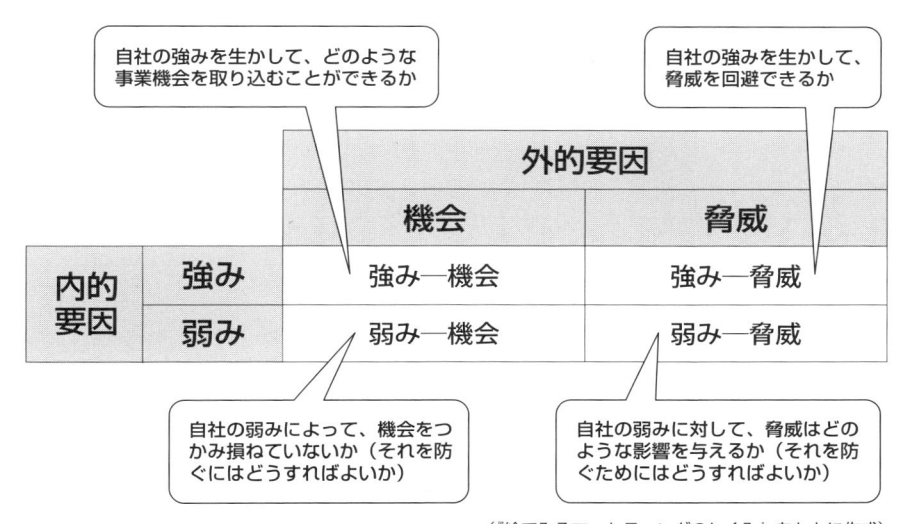

自社の強みを生かして、どのような事業機会を取り込むことができるか

自社の強みを生かして、脅威を回避できるか

		外的要因	
		機会	脅威
内的要因	強み	強み―機会	強み―脅威
	弱み	弱み―機会	弱み―脅威

自社の弱みによって、機会をつかみ損ねていないか（それを防ぐにはどうすればよいか）

自社の弱みに対して、脅威はどのような影響を与えるか（それを防ぐためにはどうすればよいか）

（『絵でみるマーケティングのしくみ』をもとに作成）

環境変化への対応

企業を取り巻く環境の変化における対策として、「予防対策」と「発生時対策」が挙げられる。

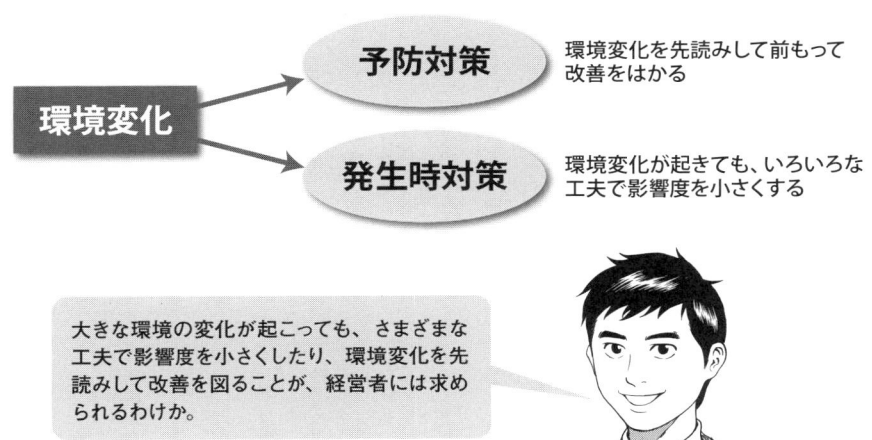

環境変化 → 予防対策：環境変化を先読みして前もって改善をはかる

環境変化 → 発生時対策：環境変化が起きても、いろいろな工夫で影響度を小さくする

大きな環境の変化が起こっても、さまざまな工夫で影響度を小さくしたり、環境変化を先読みして改善を図ることが、経営者には求められるわけか。

Marketing

7 市場をグループに分けて絞り込む
——セグメンテーション

POINT
年齢、性別、地域などを切り口に市場を細分化することで、自社の商品・サービスに最適な顧客層を見つけ出す手法をセグメンテーションと呼ぶ。

同じようなニーズや行動パターンに注目する

　ニーズは多様化しており、顧客が何を求めているのか、わかりづらい状況が続く。こうした状況では規格化された商品・サービスを大量生産し、マスマーケティングで売りさばく手法には限界がある。

　そこで、市場を何らかの基準で分けることで、自社にとって有望な市場が、どこにあるのかを探らなければならない。市場のなかで同じようなニーズや行動パターンを持つグループのことを**セグメント**（細分化された市場）といい、大きな規模のグループを見出し、そのグループのニーズに合う製品・サービスを提供することが効率的な営業戦略となる。

　細分化の基準として、①**デモグラフィックス（人口動態変数）**、②**エリア（地理的変数）**、③**サイコグラフィックス（心理的変数）**、④**顧客の購買行動**、⑤**製品・サービスの属性**などが一般的に利用される。

市場細分化のやり方

　市場細分化がうまくいくかどうかで、商品・サービスの売れ行きが決まるといっても過言ではない。デモグラフィックス（人口動態変数）、エリア（地理的変数）など考慮に入れるべき条件は多いが、既存の商品・サービスの場合、顧客の購買行動の分析から始めるケースが多い。たとえば、携帯電話の場合、年齢層によって、求める機能がまったく異なる。

第5章　「売れるしくみ」をつくる——マーケティング

セグメンテーションの基準

セグメンテーションの基準はさまざまだが、一般的に利用されるのは以下の5つである。

①デモグラフィックス（人口動態変数）
年齢、性別、家族構成、所得水準、職業、学歴、宗教、人種、国籍など

②エリア（地理的変数）
住居エリア、都市部・郊外、気候など

③サイコグラフィックス（心理的変数）
ライフスタイル、パーソナリティ、社会的階層、価値観、購買動機など

④顧客の購買行動
商品を購入することが多い曜日・時間帯、購入頻度など

⑤製品・サービスの属性
機能、価格、デザインなど

セグメンテーションによる分類例

たとえば居住地域、年齢、年収で分類した場合、東京在住で32歳、年収400万円の男性の場合、次の3種類のセグメントに分類されることになる。

セグメントA	セグメントB	セグメントC
東京都在住	大阪府在住	それ以外
50代	30代	20代
富裕層	アッパーマス層	マス層

同じ人間でも、分類項目が異なれば違うセグメントになる。この点に注意しよう。

8 標的となる顧客層を決める
——ターゲッティング

POINT セグメンテーションが終わると、さらに市場を絞り込み、自社の商品・サービスのターゲットとなる顧客層を決める。これをターゲッティングという。

自社商品・サービスの最適な価格を伝え、提供する

セグメンテーションが終わったら、次のステップは**ターゲッティング**。さらに市場を細分化し、自社の商品・サービスのターゲットとなる市場を決める。ターゲットに決めた市場に最適な価値を伝え、提供していくことが「売れるしくみづくり」のスタートとなるのだ。

ターゲッティングが重要なのは広告・宣伝・PRなどの情報発信と密接にからんでいるからだ。ターゲット市場が決まらなければ、メインの情報発信をテレビにするのか新聞にするのか、あるいはインターネットにするのか、媒体選択も難しい。

また、顧客は自分のニーズに気づいていないことも多い。つくり手や提供する側から情報を発信し、商品・サービスの対象となる顧客を明確にしていくことも重要なのである。

ロイヤル顧客

ロイヤル顧客とは、企業にとっての最上のお客様を意味する。企業に対する貢献度で顧客をセグメントする考え方の産物だ。

たとえば、飛行機のプライムシートに続けて機乗すると、ポイントがつくうえに、より格上のサービスが受けられる。これは、セグメンテーションやターゲッティングをもとにした「囲い込み戦略」の一環と考えられる。

第5章 「売れるしくみ」をつくる——マーケティング

ターゲット市場の絞り込み

ターゲット市場の絞り込みは、以下のようなプロセスで行われる。

セグメンテーション 　市場細分化

↓

ターゲッティング 　ターゲット市場の選定

↓

ポジショニング 　顧客の頭のなかでの位置取りを明確化

↓

顧客を囲い込む 　他社を利用させないようにする

たとえば女性を食事に誘うときを考えてみろ　高級レストランに誘うかバーに誘うか　相手によって変わってくるだろう

マーケティングもそれと同じだ　ターゲットによって広告媒体も違ってくる

さらに口説き文句にターゲットが誰なのかを明示することによって宣伝効果が違ってくるんだ

確かに30代の会社員が対象といわれたら自分のことかと思って気になりますね

9 独自性をアピールする──ポジショニング

POINT 市場を細分化し、ターゲットとなる顧客層を決めたら、次はポジショニング。自社の商品・サービスの独自性、「売り」を打ち出さなければならない。

ポジショニングは顧客視点の発想で考える

　顧客ほど商品・サービスの価値を知っている存在はない。価値を知らなければ、買うはずがないからだ。**ポジショニング**とはターゲットに価値を感じてもらえるように、商品・サービスを独自化することといってよい。独自性を強くアピールすることができれば、高いシェア（**市場占有率**）を占めることができる。市場占有率が高ければ高いほど、売れている商品・サービスということになるわけだ。

　ただし、ポジショニングは、あくまでも顧客視点で考えるもので、自社の一方的な言い分ではない。売る側が「いいものだから売れるはずだ」と思っても、顧客は価値を認めていないかもしれない。ポジショニングを間違えると、まったく売れないこともありうるので、よく検討する必要がある。

ニッチ市場

　ポジショニングを正しく行えば、ニッチ市場という隙間を見つけることができる。市場をセグメント以上に細分化することで、ニーズが十分に満たされていない小さなグループを発見したり、既存の商品・サービスのバリエーションを創造・開発するヒントをもらったりするケースもある。
　ニッチ市場には競合他社が少ないので、多少の商品力があれば、追随を許さない地位を築くことも可能だ。

顧客視点の発想とは？

ポジショニングを考える際に重要なのは、顧客視点で発想すること。売る側の一方的な言い分ではなく、顧客の立場に立って考えることが必要だ。

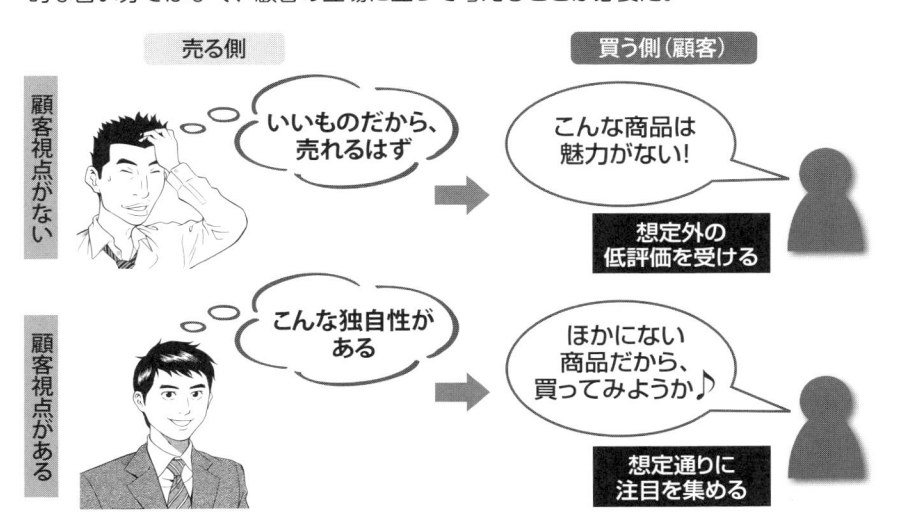

売る側 / **買う側（顧客）**

顧客視点がない
- 売る側：いいものだから、売れるはず
- 買う側：こんな商品は魅力がない！
- 想定外の低評価を受ける

顧客視点がある
- 売る側：こんな独自性がある
- 買う側：ほかにない商品だから、買ってみようか♪
- 想定通りに注目を集める

- ブランドという概念もポジショニングと関連しているね
- トップブランドではなくても、それと正反対のポジションを占めれば……
- 対等になるんちゃうか？
- トップブランドと正反対っていうと
- 激安ブランド？
- なるほど 確かにあれはあれで独自性を確立しているな

Marketing

10 ツールを組み合わせて活用
──マーケティング・ミックス

POINT 企業がマーケティングを実施し、目標を実現しようとする場合、製品・価格・流通・販促を組み合わせて売れるしくみを考え、活用していく必要がある。

目標達成のための4つのマーケティング要素

　実際の売れるしくみを考え、実行することを**マーケティング・ミックス**と呼び、それは**製品開発**、**価格設定**、**流通チャネル**、**販売促進**の4領域から成り立っている。

　製品開発とは機能や性能だけではなく、パッケージ、保証、アフターサービスなども含まれる。価格設定は原価に利益を上乗せして提供する手法が基本だが、競合他社の価格設定にも左右される。流通チャネルとは顧客に製品・サービスが届くまでの流れのことで、物流・卸・小売店なども含まれる。インターネットの発達で、卸不要論が論じられ、ECサイトによるダイレクト販売などの新たな販売チャネル※も生まれた。販売促進には広告、パブリシティー、メディア活用のほか、人的な販売・営業活動、口コミなども含まれる。顧客に買う気を起こさせる、すべての活動を意味するのだ。

※販売チャネル　販売ルートのこと。営業マンを使った直接販売、卸－小売店ルート、代理店ルート、ネットを使った通信販売など、多彩なルートがある。

大阪のおばちゃんの悪口マーケティング

　企業がコストを払い、大阪のおばちゃんに悪口をいわせて、商品の見直しから販促（パッケージ）、価格までのアドバイスを求めるイベントがある。マーケティング・ミックスに顧客視点を直接的に反映する方法として興味深い。少なくとも、参加し、意見したおばちゃん方は商品に対する親しみや商品開発への参画意識がわき、提供者との直接的なコミュニケーションを楽しんでいるのではないか。

マーケティング・ミックスを構成する4つの要素

マーケティング・ミックスには、企業が商品やサービスを提案する際に関係するものがすべて含まれる。もっとも一般的なものが、以下の4要素である。

製品開発
機能、性能に加え、パッケージ、保証、アフターサービスなども含む

価格設定
原価＋利益が基本。競合の価格も考慮

流通チャネル
顧客の手元に製品・サービスが届くまでの流れ

販売促進
広告・宣伝、パブリシティー、イベント、メディア活用、店頭告知、ディスプレイ、営業・販売活動、口コミなど

> マーケティング・ミックスは提供者側からの発想になりがちだ しかしそれではダメだ

> お金を払う価値があるのか 保証やアフターサービスなどは万全か 顧客視点や顧客の購買プロセスを意識しながら検討する必要がある

> なるほど 顧客の視点は重要やな……

Marketing

11 企業の根幹を支える営業のプロセスマネージメント

POINT 営業はマーケティングから販売までを包括する、幅広い概念。決して営業マンや営業部隊のことだけを指しているのではないので、注意しよう。

営業の仕事はモノを売ることだけではない

営業とは単に営業マンのことだけを意味しない。事業を営むことだと理解すべきである。営業とはマーケティングから販売(いわゆる営業)までを包括する、幅広い概念なのだ。

生産財[※1]はもちろん、**消費財**[※2]であっても高額商品の場合、営業マン(パーソン)の説明が必要となる。マンションをカタログで見ただけで購入する人は、まずいないだろう。製造現場に限らず、営業にもプロセスマネージメントの考え方を導入することで、販売工程の効率をアップし、生産性を向上させることができる。

マーケティングにかけた費用は営業プロセスを経て、売り上げとなり、投資した資金は回収される。商品・サービスが消費財であれ、生産財であれ、営業という仕事が会社の根幹を担っていることは間違いない。

※1 生産財とは企業が生産・販売するために必要とする原材料・部品、機械、設備などを指す。
※2 消費財とは消費者が使用する商品・サービスを指す。

営業プロセスの「見える化」

プロセスマネージメントの第一歩は営業プロセスの「見える化」。たとえば、新規開拓の場合、商品・サービスによって異なるが、おおまかにいえば、「見込み客のリストアップ」「アプローチ」「商品説明」「反対克服」「クロージング」「契約」となる。反対克服とは耳慣れないかもしれないが、ユーザーの意見や質問、疑問、不安などに的確に対処し、次のクロージングにつなげる大事なステップだ。

第5章 「売れるしくみ」をつくる──マーケティング

営業のプロセスマネージメント

　生産現場だけでなく、営業にもプロセスマネージメントの考え方を導入する必要がある。下記のような営業プロセスを浸透させれば、生産性を向上させることができるだろう。

例 **新規開拓の営業プロセス**

- STEP 1　見込み客のリストアップ
- STEP 2　アプローチ
- STEP 3　商品説明
- STEP 4　反対克服
- STEP 5　クロージング
- STEP 6　契約

> 反対克服とは、ユーザーの意見や質問、疑問、不安などに的確に対処すること。次のクロージングにつなげる大事なステップだ

「営業のやり方を営業マンに任せていては売れる営業マンとそうでない営業マンの差が大きくなり過ぎる」

「売れる営業マンのプロセスを会社全体の標準とすることでムダな人件費をなくすんだ」

「くれぐれもお金をかけて売れない営業マンを増やすなんてことにならないようにしてくれよ」

「はい……」

Marketing

12 顧客との信頼関係を築け —— 既存顧客の「深耕」

POINT 顧客に支持される戦略であることが第一であるが、企業が社会的な存在であり、企業活動は社会的な活動である以上、その基礎には確固たる経営理念が存在しなければならない。

■新規開拓は既存顧客の5～10倍のコストがかかる

　法人とのビジネスは1回限りの取引で終わってしまうケースもあるが、信頼関係が深まり、顧客の深耕ができれば、リピーターとなり、ファン化し、さらにロイヤル顧客となっていく。誰が信頼関係を構築するかといえば、まずは営業担当者であり、正式に取引が開始されると、会社対会社の関係（契約）になる。

　営業コストの点から見ると、新規開拓は既存顧客の5～10倍のコストがかかるといわれ、効率的な営業を目指すのであれば、既存顧客を大事にしていくことが大切だ。

　既存顧客の深耕をスローガンに掲げても、営業担当者の個人的な努力に頼っている企業が多いが、個人の力には限界がある。きちんと顧客管理の体制を整え、営業担当者をサポートする必要がある。

既存顧客の深耕

　深耕とは、顧客との信頼関係を深め、取引量・回数を増やしていくことをいう。深耕にあたって、最も注意すべきは顧客にとって不要な商品・サービスを販売しないことだ。

　売る側の事情を優先すると、キャンペーン商品など、顧客にとって不要なモノを売りつけてしまいがちだ。1度や2度は購入してくれても、長い目で見ると信頼関係が損なわれ、最終的には顧客が離れてしまうケースが多い。

コストがかかっても、新規開拓が必要な理由

新規開拓は既存顧客の5〜10倍のコストがかかるといわれているが、それでも会社の成長には欠かせない。大きな理由として、以下の3つが考えられる。

1 リスクの分散（特定顧客への依存度が高いと、リスクも高い）
→経営破綻のリスク
→契約打ち切りのリスク
→売り上げが大きく左右されるリスク

2 売り上げの拡大
→業績の安定
→投資・運転資金の確保

3 新規分野へのチャレンジ
→新商品開発のチャンス
→技術力の向上

はじめての客を一度でロイヤル顧客に育てることは不可能です

ブランド力は長期間にわたる努力があって初めて獲得できるもの

短期的な成果だけを狙うものではありません

新たな商品・サービスを市場に投入した場合どれだけ優れていても宣伝活動を展開しても

すぐにナンバーワンのシェアをとれると思うのは大きな間違いです

13 顧客の問題を解決 ——ソリューション営業

POINT 新規開拓にせよ、既存顧客の深耕にせよ、顧客の問題を解決するソリューション営業が、きわめて有効だ。問題を解決できれば、顧客から大きな信頼が得られる。

営業をしなくとも、顧客側から引き合いがくるのが理想

　顧客が抱えている問題を解決することで(問題解決の方法を提案することで)、商品・サービスを売っていく方法を**ソリューション(問題解決)営業**と呼ぶ。

　自社の商品・サービスのなかに、顧客の問題を解決できるツールがあれば理想的だが、ない場合は自社の商品・サービスと他社の商品・サービスを組み合わせるなどして、問題解決にあたる。

　会社や営業担当者が顧客の問題解決を助けたことで、信頼を勝ち取り、取引開始にこぎつけた例は多い。顧客のニーズに合致したものを提案することが真の顧客満足につながる。ニーズに合致することで無理な値引きは要求されず、信頼が高まるがゆえに、引き合いが顧客側からくるようになるのだ。これこそが、ソリューション営業の醍醐味といえる。

WIN−WINの関係

　WIN−WIN(ウィン－ウィン)の関係とは、どちらか一方が損をする関係ではなく、双方とも勝者となるような関係を指す。「まず製品ありき」の場合、売る側の事情を優先し、顧客ニーズに合わない提案をしたり、逆に、顧客側から無理な値引き交渉を迫られ、やむなく赤字受注をしたりするケースもある。

　ともに発展を目指すのなら、売り主と買い主は対等で、WIN−WIN の関係を構築しなければならない。

第5章 「売れるしくみ」をつくる——マーケティング

ソリューション営業のプロセス

　ソリューション営業とは、顧客が抱えている問題を解決することによって、商品・サービスを売る方法のこと。自社の商品・サービスでは問題を解決できなかった場合は、他社の商品・サービスを組み合わせることによって、問題解決をはかる。

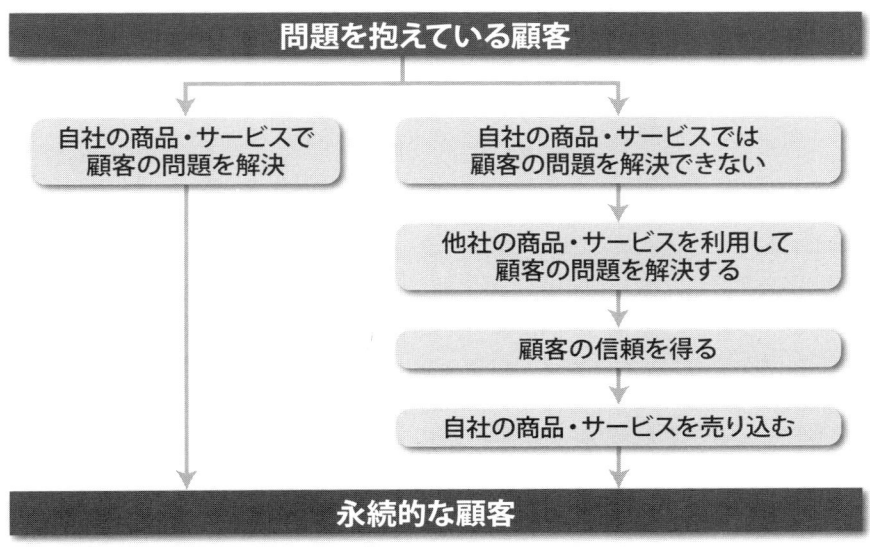

問題を抱えている顧客

- 自社の商品・サービスで顧客の問題を解決
- 自社の商品・サービスでは顧客の問題を解決できない
  → 他社の商品・サービスを利用して顧客の問題を解決する
  → 顧客の信頼を得る
  → 自社の商品・サービスを売り込む

永続的な顧客

> 旅行先でレストランを探していてホテルに相談したらいい店を紹介してくれたわ

> おまけにホテルが経営しているバーを紹介してもらったの雰囲気のいい店だったわ

14 独自の手法が要求される生産財（BtoB）マーケティング

POINT 主に企業を対象にした生産財（BtoB）マーケティングは企業ニーズに応えるために、消費財（BtoC）マーケティングとは異なる手法が要求される。

企業の購買理由は企業ニーズの充足

「マーケティングは消費財ビジネスに固有のもの」との意識があるかもしれないが、それは大きな間違い。**生産財（BtoB）マーケティング**も消費財（BtoC）マーケティングと同様、重要な役割を担う（右ページの図参照）。ただ、企業の購入決定プロセスを考慮すると、消費財マーケティングとは異なる手法が要求される。

企業の購買理由は企業ニーズの充足にある。これを満たすことが生産財マーケティングの根本となる。企業ニーズは、①売り上げや利益の増加、②人材の採用・育成、③組織の効率的な運営、④財務や会計ニーズ、⑤情報の活用などが挙げられる。そうしたニーズに自社の商品・サービスで、いかに応えるかという観点から、すべてのマーケティング戦略・戦術を組み立てていくというわけだ。

生産財マーケティングの需要

課題や問題を抱えていない企業はない、といっても過言ではない。すべての生産財マーケティングは、企業の課題・問題を解決する商品・サービスと位置づけられる。

ただ、法人間取引であるがゆえに、稟議（りんぎ）や社内調整などの余計な手順が存在する。もっとも、マンションや自動車の販売などの場合でも、家庭内の「財務省」の許可をもらう手順を考えてみれば、似たような手順を踏んでいるのかもしれない。

対象別に見るマーケティング手法

消費者や企業など対象や商品の種類によってとるべきマーケティング手法は異なってくる。一般的には、「消費財（BtoC）マーケティング」「生産財（BtoB）マーケティング」「非営利組織（BtoN）マーケティング」の3つに区分される。

- 企業 → 消費者　**消費財（BtoC）マーケティング**
- 企業 → 企業　**生産財（BtoB）マーケティング**
- 企業 → 公共機関　**非営利組織（BtoN）マーケティング**

※B…Business　C…Consumer　N…Non-profit Organizations

> 消費者、企業、公共機関は、購入する商品も、購買理由も異なるので、それぞれ別の戦略を練る必要がある。混同させないようにしよう。

売り上げを伸ばしたい優秀な人材もほしい

消費財マーケティングなら得意なんだがなぁ

そうですね　そろそろ生産財マーケティングに力を入れたほうがいいかもしれません

基本的に別物ですからね　生産財の専門家に相談したほうが確実ですよ

第6章

企業の方向性を決める
──経営戦略

組織・人事管理、生産管理、ロジスティックス、マーケティングなど、これまで見てきたとおり、経営にはさまざまな活動がある。それぞれの活動をうまく生かしていくためには、経営戦略が不可欠だ。企業が存続、成長していくためには、会社全体としての方向性を明らかにして、経営の各分野が有効に機能する方針を定める必要がある。経営戦略はいわば、経営がうまく回るための指針となるものなのだ。

いかに良い商品・サービスをつくってもそれがすぐに競争相手にマネされるようでは適正な利益を確保できない

そのためにも競争者がマネしづらい「差別優位条件」をつくる必要がある

事業領域を決める際何に留意すればいいの？

中核事業
中核となる事業の技術力
潜在的な能力……

まずは中核事業を活性化させることが先決だ

二兎を追うものは一兎をも得ずというだろうあれこれ手を出すとロクな目にあわないぞ

Management Strategy

1 「経営戦略」は企業の行き先を示す羅針盤

POINT 戦略とは優先順位をつけることだ。将来を予測し、方針・目的を定め、優先順位に従って経営資源を配分し、具体的な計画に落とし込んでいかなければならない。

継続性がなければ「絵に描いた餅」となる

　厳しい生存競争のなかで、企業・事業を長期にわたって存続・成長させることは簡単ではない。将来を予想し、方針・目的を定め、計画をつくり、その計画を実行に移すことで、存続・成長の可能性を高めることができる。予想、方針・目的、実行可能な計画などをまとめて**経営戦略**と呼ぶ。具体的には**人**、**モノ**、**金**という経営資源をいかに有効に使い、いかに継続的に最大限の成果をあげるかを計画し、実践していくか、そして、その効果を検証し、さらに続けていくかどうかを判断する。また、判断する際、**情報**、**時間**という資源にも着目することが大切だ。

　このように経営戦略とは、将来に向かっての構想（指針）、企業・事業を取り巻く環境とのかかわり方を示し、企業・事業の意思決定基準の役割を果たすものだ。継続して実践できない経営戦略は「絵に描いた餅」といわざるを得ない。

ライフサイクル

　個々の事業は誕生⇒成長⇒成熟⇒衰退というライフサイクルをたどる。どんな事業も成熟、衰退は避けられないが、それを遅らせることはできる。企業の経営戦略を時間軸で見ると、花形事業の成熟、衰退にブレーキをかけながら、次代の花形事業を育てることといえる。

　企業戦略と事業戦略の整合性を図るとともに、中・長期計画と実行計画（予算化）に具体化できる機能（組織やシステム）を備える必要がある。

第6章　企業の方向性を決める――経営戦略

経営理念・経営ビジョン・全社戦略の関係

根幹となるのは経営理念。経営理念に沿って描かれた将来像・目的などが経営ビジョン。経営理念・ビジョンを具体化したものを全社戦略と呼ぶ。

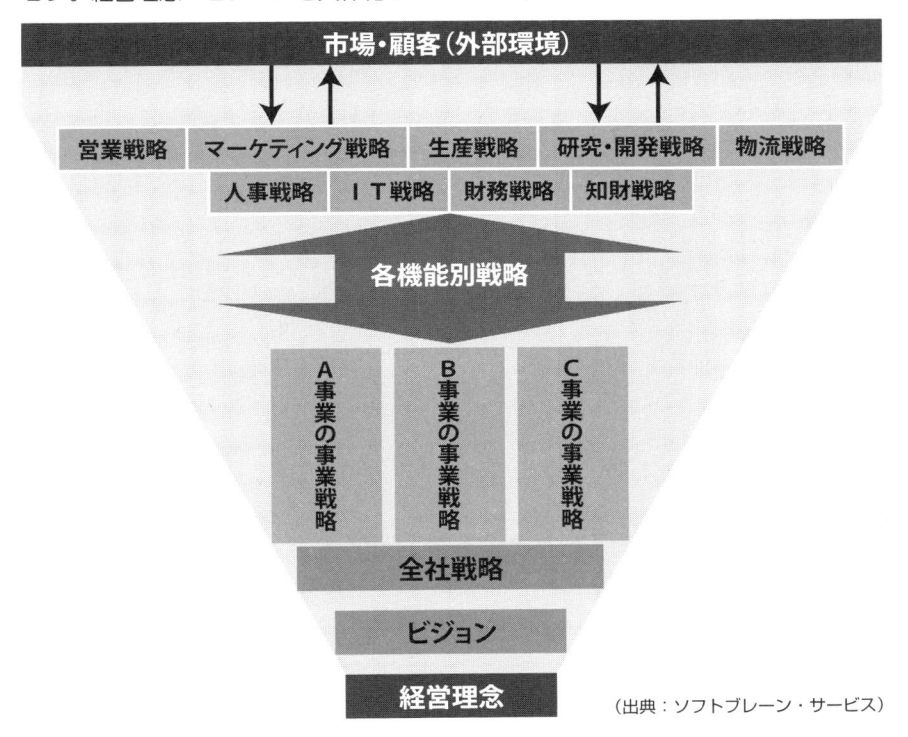

```
         市場・顧客(外部環境)
   ↓      ↑           ↓    ↑
営業戦略 マーケティング戦略 生産戦略 研究・開発戦略 物流戦略
         人事戦略 IT戦略 財務戦略 知財戦略
                各機能別戦略
         A事業の事業戦略 B事業の事業戦略 C事業の事業戦略
                   全社戦略
                   ビジョン
                   経営理念
```

（出典：ソフトブレーン・サービス）

経営戦略の骨格

経営理念に沿ったうえで

1. 将来の夢・コンセプト
2. 将来の目標・ビジョン
3. 将来の事業分野
4. 将来への計画

の4要素から成り立つ

経営戦略の内容

1. 事業領域（ドメイン）の定義
2. 競争戦略の決定
3. 経営資源の調達と配分の決定
4. 事業構造・システムの決定

の4要素から成り立つ

Management Strategy

❷ 自社は"何屋"なのかを定める

POINT 経営戦略を策定する前に自社の事業領域を定める必要がある。自社が、どのような分野・領域で生きていくか、市場の将来を予測したうえで、慎重に決定しなければならない。

■ 事業領域選択のポイントは市場の将来性にある

　経営戦略の第一歩は**事業領域**(ドメイン※、生存領域ともいう)**の選択**だ。人間に得意分野や職業選択の自由があるように、企業・事業にも専門分野・領域が存在する。自社がチョコレートの製造会社だとすると、事業領域をチョコレートとするのか、洋菓子製造とするのか、もっと広く食品メーカーとするのかによって、経営戦略は大きく異なってくる。

　あまりに狭い領域に限ると環境変化に遅れる可能性があり、広く取り過ぎると資源の拡散・非効率化を招く。事業領域選択のポイントはターゲットとしている市場が将来に向かって成長していくのか、安定しているのか、衰退していくのかを見極めることだ。また、縮小市場であっても、競争優位を保ち、ナンバーワンであり続けるという経営戦略もある。

※ドメイン　現在の事業領域に加えて、まだ事業化されていない潜在的な事業領域も含まれ、これを戦略領域と呼ぶ場合がある。

事業領域の選定

　事業領域を決めることで、①競争相手と戦うフィールドが特定される、②企業の同一性(アイデンティティー)が定まり、組織の一体感がつくり出される、③その事業領域に必要な経営資源(人・モノ・金)を確保する方法論が決定しやすくなる、などのメリットがある。

　まずは「自分は何者なのか?」を見定めることが肝心。自分たちは何になりたいのか、企業の夢も考慮に入れる必要がある。

第6章　企業の方向性を決める──経営戦略

事業別に見た経営戦略

　経営戦略の第一歩は、自社の事業領域を定めること。選択した事業（A事業、B事業、C事業）は、いずれも市場・顧客ニーズ・社内資源の観点からも相乗効果（シナジー）を持ったものであることが望ましい。

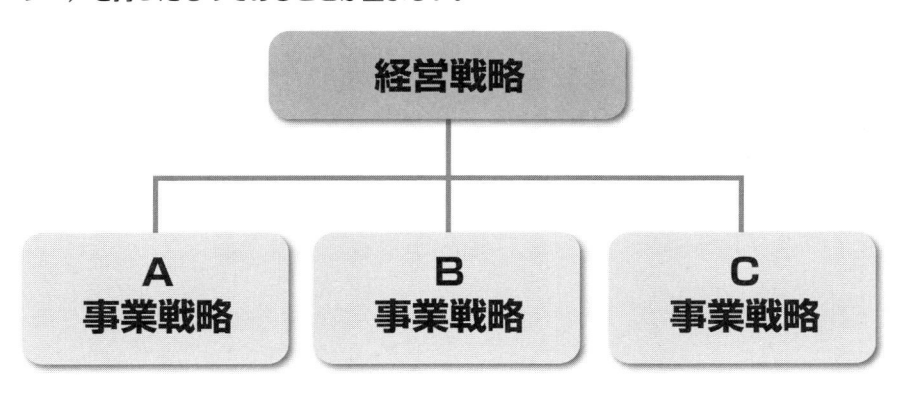

```
           経営戦略
    ┌─────────┼─────────┐
  A事業戦略   B事業戦略   C事業戦略
```

――事業領域を決める際何に留意すればいいの？

――中核事業　中核となる事業の技術力　潜在的な能力……

――いろいろあるけどバランスをとることが大事だなそれぞれの事業が異なる役割を果たしているのが理想的さ

3 自社の強みを知ることが戦略策定の前提

POINT 事業戦略を構築するだけでは将来への布石は打てない。自社の強みを分析し、その強みを生かした競争優位性を押し出し、成長戦略を構築する必要がある。

自社の強みを生かし、競争優位性を築け

　事業戦略を決めるポイントは競争力。他社に対し、**競争優位性**を築かなければ、将来、窮地に立たされることになる。それぞれの事業には対応する市場がある。市場とは顧客であり、顧客は購買力を持ったニーズ（願望・欲望）の集団と考えられる。市場が大きければ、多くの事業者で分け合うことも可能だが、市場が小さいと、事業者によっては十分な利益が得られない。事業戦略を決定するには、業界構造を理解する必要があるのだ。

　事業戦略を決定するにあたり注意したいのは、①競争者の数と市場占有規模格差、②市場を狙う潜在的な競争者の存在（参入障壁）、③自社の商品・サービスを脅かす代替品はあるか、④買い手（消費者）の交渉力・圧力は強まっているか、⑤売り手の交渉力は強まっているか、の5点である。

競争優位性

　競争優位性は産業構造と顧客ニーズの相関で判断できる。競争者（競合）が少ない寡占状態では大きな利潤が予想され、競争者が多い完全競争状態では赤字を覚悟しなければいけない。

　他業界からの参入は利益圧迫要因になるだけでなく、競争ルールに変化をもたらす。参入障壁には技術上・マーケティング上・設備投資上の障壁などがあり、海外企業の新規参入も大きな脅威となる。

第6章　企業の方向性を決める──経営戦略

競争優位戦略

　ハーバードビジネススクールのマイケル・E・ポーター教授は競争優位に、基本的な3つの戦略パターンがあるとしている。コスト面で優位に立つ「コストリーダーシップ戦略」、コスト以外で差別化する「差別化戦略」、特定の領域に特化する「集中戦略」だ。

競争優位のタイプ

戦略ターゲットの幅		他社より低いコスト	顧客が認める特異性
（業界全体）広いターゲット		**コストリーダーシップ戦略** 業界全体の広い市場をターゲットに他社のどこよりも低いコストで評判をとり、競争に勝つ戦略	**差別化戦略** 商品品質、品揃え、流通チャネル、メンテナンスサービス等の違いを業界内の多くの顧客に認めてもらい、競争相手より優位に立つ戦略
（特定の分野）狭いターゲット		**集中戦略** 特定市場に的を絞り、人・モノ・金の資源を集中的に投入して勝つ戦略	
		コスト集中 特定の市場でコスト優位に立ち、競争に勝つ戦略	**差別化集中** 特定の市場で差別化して優位に立ち、競争に勝つ戦略

（出典：マイケル・E・ポーター『競争の戦略』）

> 他社に負けない競争優位性を築くことは経営戦略の基本だ。ある程度競争者がいても、製品そのものの質や顧客に対するサービス面で差をつけたり、知的財産で参入者を排除したりすることで優位性を築くことができる。

Management Strategy

④ 他社に負けない競争優位性を確立する

POINT 競争優位性を確立するための事業戦略には、さまざまなものがあるが、ここでは特化型、規模型、分散型、手づまり型の4つの事業別戦略を紹介する。

競争要因に注目した、4つの事業戦略とは

　競争要因の多少を縦軸に、競争要因が優位性構築につながる可能性の大小を横軸にとると、事業戦略は**特化型事業**、**規模型事業**、**分散型事業**、**手づまり型事業**の4つのタイプに分けられる。

　特化型事業とは特殊な技術を持つなど特定の分野でユニークな地位を築き、シェアを高めることで優位性を構築する戦略。規模型事業とは市場シェアの拡大を追求することで優位性を構築するもので、分散型事業とは小規模な段階では高い収益性を確保できるが、事業規模を拡大すると強みが薄れる事業をいう（代表的な例は地域密着型の事業や高級レストランなどで、事業拡大によるコストダウンの余地が小さい）。また、手づまり型事業は、主に成熟期・衰退期の産業で、将来性は低いものを指す。なお、4つの事業戦略の具体例は次ページにまとめたので、参考にしてほしい。

　事業形態によって、とるべき戦略は異なってくる。自分の会社は何型かを理解してから戦略を練ることが大切だ。

いかに良い商品・サービスをつくっても、それがすぐに競争者にマネされるようでは適正な利益を確保できない

そのためにも競争者がマネしづらい「差別優位条件」をつくる必要がある

第6章　企業の方向性を決める――経営戦略

4つの事業戦略

競争要因		優位性構築につながる可能性	
		大	小
	多	特化型事業	規模型事業
	少	分散型事業	手づまり型事業

特化型事業
特殊な技術を持つなど特定の分野でユニークな地位を築き、シェアを高めることで優位性を構築する事業。
例 特殊な技術を保有する企業

規模型事業
市場シェアの拡大を追求することで優位性を構築する事業。下手に差別化をはかるとコスト高になる場合などに有効な戦略で、汎用性の高い商品などでとられる。
例 汎用性の高い商品を扱う企業、化学薬品や食品メーカーのM＆A

分散型事業
小規模な段階では高い収益性を確保できるが、事業規模を拡大すると強みが薄れる事業。
例 地域密着型の企業、高級レストラン

手づまり型事業
主に成熟期・衰退期の産業で、将来性は低く、コスト削減も限界に達し、慢性的に供給過剰な事業。
例 セメント・石油化学業界などの素材産業

手づまり型事業

　セメントや石油化学業界など、過去には規模による格差があったものの、コスト削減も限界に達し、慢性的に供給過剰な業界を指す。
　技術革新（イノベーション）などを突破口に、新たな優位性を探し、特化型事業への転換を図る戦略が考えられる。突破口が見つけにくいようであれば、事業売却・撤退も考慮しなければならない。

Management Strategy

5 規模に応じた競争優位戦略を構築せよ

POINT トップシェアを誇る大企業とシェア拡大を目指す中堅・中小企業とでは、とるべき経営戦略は異なる。フィリップ・コトラー教授の「規模に応じた競争優位戦略」が参考になる。

大企業と中小企業ではとるべき戦略が異なる

　ノースウェスタン大学のフィリップ・コトラー教授は企業を競争上の地位に応じて、**リーダー**、**チャレンジャー**、**フォロワー**、**ニッチャー**に分けた。それぞれの役割は次のようになる。

　リーダーは、ナンバーワンの地位を維持することを目的とし、市場規模拡大、シェアの維持・拡大などの戦略をとる。チャレンジャーは、リーダーとの直接対決、競争範囲の拡大、後方攻撃（自社よりもシェアの低い企業のシェアを奪う）を採用する。フォロワーは、リーダーに追随した価格や製品提供で、一定のシェアを落とさず、内部改善で利益拡大をはかる。ニッチャーは、特定領域で独自の地位を築く戦略をとる。

　このように、その地位に応じた戦略をとることで、競争優位性を確保するわけだ。

ニッチャーの戦略

　ニッチとは「すき間」の意。大企業が進出しないような、すき間産業を狙って参入していく。大手企業が参入しない市場・事業領域を発見し、そこに限られた資源を集中的に投下していくことで、高い専門性・ブランド力を維持しつつ、他社の参入を防ぐ戦略だ。ただ、市場規模は小さいので、どうしても不安定。環境変化で市場そのものが消滅しても大丈夫なように、別の市場に足がかりを築いておく必要もある。

第6章　企業の方向性を決める──経営戦略

企業の業界地位

市場内の競合他社は「リーダー」「チャレンジャー」「フォロワー」「ニッチャー」の4つに分類される。それぞれの地位に応じた戦略を練ることが肝要だ。

たとえばリーダーならいまの地位をどう維持していくかさらに拡大するにはどうすればよいかが課題になるがチャレンジャーの課題はトップシェアを握ることだ

この事業に関してはチャレンジャーかな

あら、私たちは何にあたるのかしら？

リーダー
市場内でナンバーワンのシェアを誇る企業

チャレンジャー
リーダーに次ぐシェアを保持し、リーダーに競争をしかける企業

フォロワー
リーダーやチャレンジャーの戦略を模倣して、市場での地位を維持している企業

ニッチャー
大手企業が参入しない特定の市場で、独自の地位を築いている企業

Management Strategy

❻ 中核事業の活性化を図れ

POINT 企業が新規事業に取り組む際、まったく新規の市場に新規の商品を投入するのは得策ではない。既存の市場に新商品を、新市場に既存の商品を投入する戦略が考えられる。

中核事業の可能性を引き出す戦略を検討する

　個々の事業は誕生⇒成長⇒成熟⇒衰退というライフサイクルをたどる。企業が存続・成長を続けるには新たな事業の追加が必要不可欠だが、自社の中核となる事業（コア事業）の可能性を十分に引き出さず、新たな事業に手を染めるのは必ずしも得策とはいえない。

　まずは中核事業を活性化させる戦略を検討することだ。代表的な戦略として**市場浸透戦略**、**市場開発戦略**、**製品開発戦略**の３つが挙げられる（詳細は次ページ参照）。

　これらは、既存事業や既存市場から大きく離れないので、経営資源にかかるコストが比較的少なくてすむだけではなく、自社事業の新たな価値を発見する可能性がある、というメリットもある。

第6章　企業の方向性を決める──経営戦略

アンゾフの成長ベクトル

	既存商品	新商品
既存市場	市場浸透戦略	製品開発戦略
新市場	市場開発戦略	多角化戦略

（出典：H・I・アンゾフ『企業戦略論』）

市場浸透戦略　現在の顧客の購入頻度・量を増大化させ、競争相手の顧客を奪い、潜在的な顧客を顧客化する戦略。

市場開発戦略　いままで対象としていなかった地域・市場に既存の商品・サービスを投入する戦略。

製品開発戦略　現在の商品・サービスを改善したり、異なる品質で製品化したり、違う大きさ・色などを追加したりして現在の市場を活性化する戦略。

多角化の失敗

　ここで紹介した3つの戦略は既存事業・市場から大きく離れないので、コストが比較的少なくてすむだけではなく、自社の事業の新たな価値を発見する可能性もある。
　対して多角化の失敗例は多い。医療機器メーカーのボシュロムは90年代、コンタクトレンズ以外の領域にも手を広げ、デンタル・スキンケア製品などの多角化を進めた。
　しかし、これらの事業は結局、赤字のままで譲渡され、中核事業はジョンソン・エンド・ジョンソンにシェアを奪われる結果となった。

7 新たな事業を戦略的に展開 ——多角化戦略

POINT 事業・製品にはライフサイクルがあり、賞味期限の切れた事業を再構築するだけではなく、新たな事業を戦略的に展開することも求められる。多角化戦略の出番だ。

中核事業に近いところで、次の中核事業を探す

　成長期にある事業は比較的容易に業績を拡大できるが、市場が成熟するとシェア争いが激化することなどから、戦略の転換を促される。リスクの高い新規事業の展開、新製品の新市場導入などを検討せざるを得なくなるのだ。これらの戦略は**多角化**と呼ばれている。

　従来の中核事業以外の分野へ参入することになるため、経営資源の新たな投入を伴う場合も多い。多角化は既存事業との関係から、**関連型**、**非関連型**の２種類に分類できる。

　比較的確実な関連型は不慣れな分野には決して手を出さず、その企業の守備範囲の周辺で、新たな事業のタネを生み出す。

　これに対し非関連型は、まったく新しい分野に着手するケース。一般的に多角化戦略は、関連型がとられることが多い。

非関連型の多角化戦略

　非関連型の多角化戦略は、極端にいえば、精密機械メーカーが飲食産業に乗り出したり、チョコレートメーカーが乳製品をつくり始めたりするケース。

　大手企業の場合、一般に「コングロマリット」と呼ばれる類である。主にＭ＆Ａなど企業買収の手法を駆使し、一定の利益をあげている事業を傘下におさめる。これは一からその事業を育てるより、買収したほうが早いというスピードを重視した成長戦略といえよう。

第6章　企業の方向性を決める──経営戦略

製品のライフサイクル

成長期の事業は比較的容易に業績を拡大できるが、市場が成熟するとシェア争いが激化することなどから、戦略の転換を図ることが求められる。

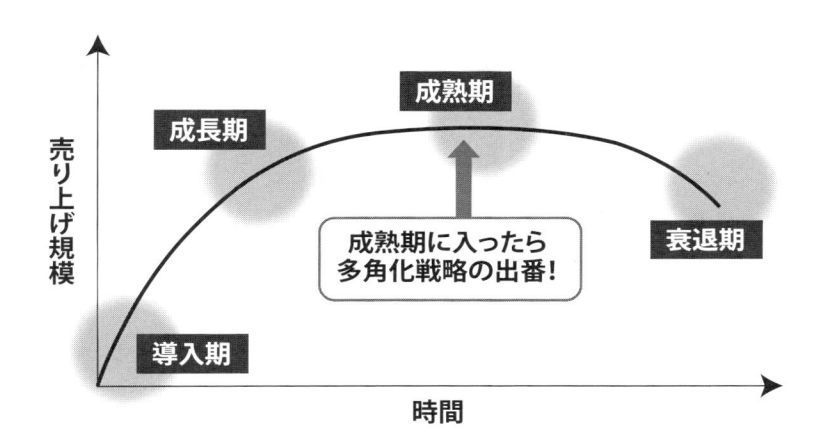

縦軸：売り上げ規模
横軸：時間

導入期 → 成長期 → 成熟期 → 衰退期

成熟期に入ったら多角化戦略の出番！

3Mの成長戦略

「ポストイット」で有名な3M（スリーエム）は「関連型多角化」で成長を持続させている優良企業。「接着」「コーティング」の技術を核に、新規事業化を進め、現在の製品群は数万に及ぶ。

核になる技術	採用した戦略	現在の製品群
接着とコーティング	▶ 関連型多角化 ▶	数万に及ぶ製品

やっぱり無駄な冒険はしたくないな……関連型の多角化戦略でいくか

Management Strategy

8 人・モノ・金を適正に配分する資源配分戦略

POINT 経営資源は限られている。どの事業に、どれだけの資源を配分するかによって、企業の成長は大きく左右される。資源配分戦略の重要性はいっそう増しているのだ。

蓄積された経験が他社との差別化要因となる

　全社戦略を実行に移す前に、経営資源をどのように調達・配分するのかを決めなければならない。複数の事業を展開する場合、それぞれの事業分野に必要な資源の質・量を予想し、適切に配分することが大切だ。

　そのためにも、経営資源を蓄積する必要がある。蓄積された資源には**経験効果**があり、これは習熟度や能率を向上させ、専門化に伴う改善などにも威力を発揮する。能力、ノウハウ、技術を高度化し、他社との差別化要因としてはたらくのだ。生産設備などの物理的資源は金で購入できるが、経験は金で買えない。知識・スキルの共有など、人にかかわる戦略が最重要だ。

　「人は石垣、人は城」という、戦国有数の戦略家だった武田信玄の言葉を、あらためて思い出さざるを得ない。

相乗効果（シナジー）

　関連性の深い事業への多角化が高い収益をもたらすのは、既存の事業と新しい事業の間に相乗効果（シナジー）があるためだといわれている。シナジーは経営資源の共有や事業間相互の補完性によって、もたらされる。

　キーワードは「つなぐこと」だ。共通の流通システム、技術の応用、研究開発の共有、マーケティング部門による製造部門の補完などが、相乗効果を期待できる活動とされている。

第6章　企業の方向性を決める──経営戦略

他社との差別化要因

経営資源を蓄積することによって、他者との差別化をはかることができる。具体的な差別化要因の一例としては、以下のようなものがある。

1. 「人」は最も大きな経営資源

2. 自社に眠る人材を含めた知的財産

3. 技術力・サービス力の高さ

4. 特許などの知的財産

5. 企業ブランド、企業イメージ

> 経営戦略と経営資源は、深くかかわっている。なぜなら、経営戦略の実行は、経営資源配分のうえに成り立っているからだ。

> 企業の経営資源をきちんと把握できていないと、経営戦略が満足に機能しない可能性が高まるぞ。

145

⑨ 環境の変化が事業の再構築を迫る

POINT 企業環境の変化が企業に事業構造の再構築を促している。製造、販売など各部門で取り組むケースのほか、バリューチェーン全体を見直すケースも増えている。

変化の時代は企業が生まれ変わるチャンス

　企業環境の激変が従来の「付加価値構造」を破壊したことで、多くの企業で新しい事業構造を再構築する必要性が増している。変化は企業をピンチに陥れるが、一方では生まれ変わるチャンスも提供する。製造面では自社の強みである開発・企画に業務を集中し、生産を他社に任せたり、外注企業との協同（アライアンス）で受注型企業へ転換を図ったり、さまざまな試みが行われている。

　販売面ではWEB、テレビ、携帯電話などの情報通信インフラをフル活用した、新しい事業構造モデルも登場している。その一例として、保険会社がネット販売を利用し、低減した販売コストを保険料に還元したり、事故解決サービスに投入したりといった付加価値をつけるサービスへと転換したことなどが挙げられる。

バリューチェーンの再構築

　機械化という生産設備の自動化（FA／ファクトリーオートメーション）は生産コストの大幅な低下をもたらした。近年ではコンサルティング会社のボストン コンサルティング グループが提唱する「バリューチェーンの再構築」に大きな注目が集まっている。設計、調達から、生産、販売、回収、リサイクルに至るまでのバリューチェーンを再構築し、品質、コスト、納期、環境対応などを大幅に改善しようというものだ。

第6章 企業の方向性を決める──経営戦略

企業を大きく変えたIT化の進展

企業環境の変化によって、企業は事業構造の再構築を迫られている。なかでもめまぐるしいIT化は、あらゆる業界に多大な影響を及ぼした。

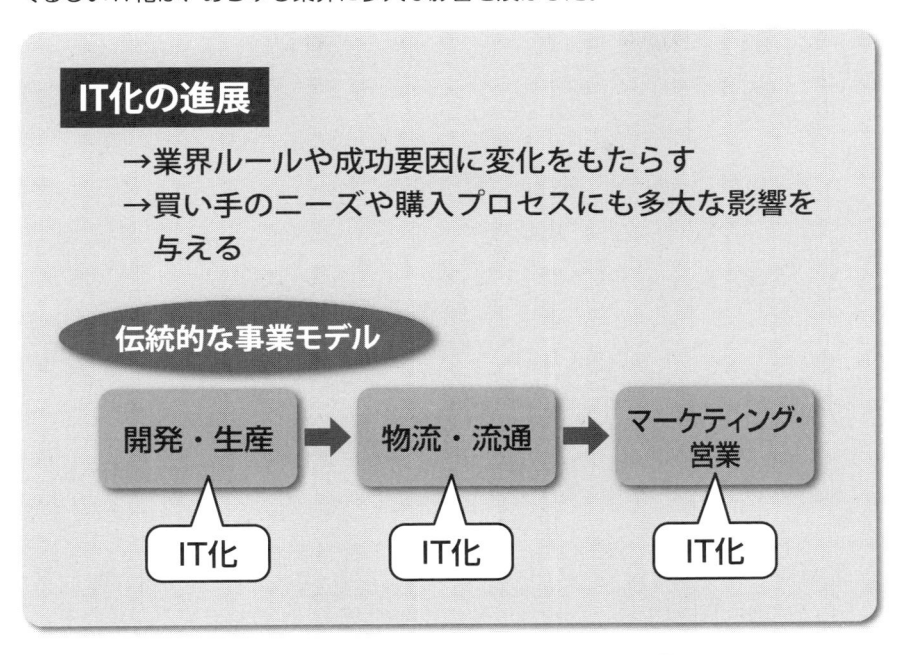

IT化の進展

→業界ルールや成功要因に変化をもたらす
→買い手のニーズや購入プロセスにも多大な影響を与える

伝統的な事業モデル

開発・生産 → 物流・流通 → マーケティング・営業

（各工程に）IT化

どんな戦略をとるにせよ、インターネットやイントラネット、携帯電話やウェブサイトなどを含めてITの利用が欠かせません。ITの勝利なくして企業の勝利は考えられないといってもいいでしょう。

変革を迫られることは、企業にとって脅威であると同時に、チャンスでもある。世の中の流れにいち早く乗った企業が、伸びていくのだ！

10 変化に素早く対応できる戦略組織をつくる

POINT 環境の変化に素早く対応するためには戦略組織の構築が不可欠。とはいえ、トップマネージメントの責任と役割は重く、常に「自己革新・自己変革」意識をもつ必要がある。

依然として重いトップマネージメントの責任と役割

　長い間、経営戦略に関してはトップマネージメント（経営者）が戦略のデザインを行い、組織・社員は戦略を実行するだけで、企業＝経営者と捉えられてきた。

　確かに、経営戦略の決定はトップの最大の役目。ただ、変化を的確に捉え、将来を予想し、企業全体の戦略を1人もしくは少数の人間だけで立案することは困難だし、危険でもある。なぜなら経営戦略は立案で終わるのではなく、実行し、結果を検証し、修正しなければならないからだ。

　経営戦略を実行するためには社員の参加が不可欠だが、だからといって、トップマネージメントの責任と役割が軽くなるわけではない。どのようにしたら、企業全体の持つ**戦略想像力**を引き出すことができるか、トップマネージメントは真剣に考えなければならない。

戦略組織化における社長（トップマネージメント）の役割

1. 組織全体を有機的な存在と捉え、「何のために働くか」という理念を日常行動に移すことができる企業文化を醸成する。

2. 戦略領域（これから進出する領域）と、それに付随する業務を策定・決定し、組織の目標・目的、方向・範囲を明確にし、「やらなければならないこと（仕事）」と「やらなくていいこと」を明示する。

3. 利害関係者（ステークホルダー）、特に顧客、取引先、供給業者、業界団体、地域住民などと情報を収集・交換・共有し、企業を代表して利害調整する。

4. 組織全体の学習を奨励、促進する。経験効果と情報資源は差別化要因であり、学習することで企業内に蓄積される。意欲と継続性があれば、専門化・高度化し、さらに価値があがる。

第6章　企業の方向性を決める──経営戦略

戦略策定プロセス

経営戦略の策定は、次のようなステップで進められる。経営者と社員が思い描いていたビジョンと現状を、どのようにすり合わせていくかがポイントだ。

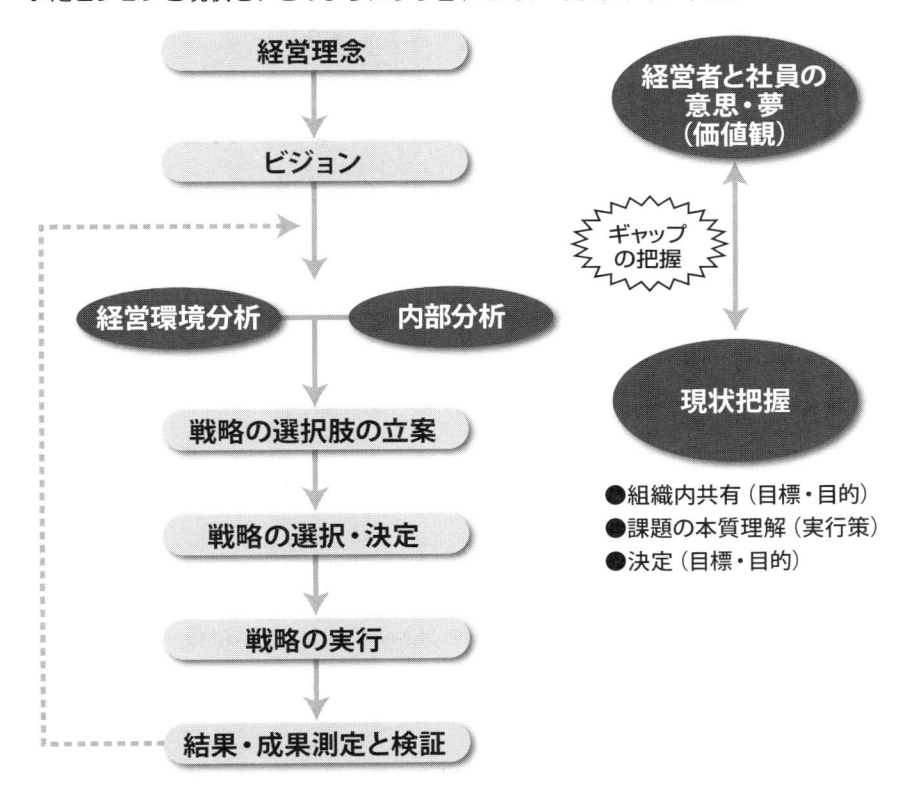

経営理念
↓
ビジョン
↓
経営環境分析／内部分析
↓
戦略の選択肢の立案
↓
戦略の選択・決定
↓
戦略の実行
↓
結果・成果測定と検証

経営者と社員の意思・夢（価値観）
↕ ギャップの把握
現状把握

- 組織内共有（目標・目的）
- 課題の本質理解（実行策）
- 決定（目標・目的）

戦略組織化のカギ

　トップマネージメントは組織の中心にあって組織活動のさまざまな場面で影響力を発揮する。日常的な戦略策定プロセスや環境変化要因に注意を払い、必要とあれば直接介入しなければならない。企業のなかで、最も「自己革新・自己変革」意識を持つことが求められる。

　経営戦略が成功するか失敗するかはトップマネージメントのリーダーシップにかかっているといっても過言ではない。

第7章

人と組織を動かす指導力
──リーダーシップ

これまでも述べてきたとおり、経営を動かすのは、圧倒的に「人」の力が大きい。なかでも特に重要なのが、組織にとって影響力の大きい「リーダー」だ。よいリーダーのあり方、つまりリーダーシップについてはさまざまな定義があるが、いずれも対人関係のなかで発揮される。たとえば「目標の実現に向け、チームをひとつにまとめてメンバーを励ますこと」は、リーダーの代表的な機能だ。

人望の厚いキミはリーダー向きだな そしてオレはマネージャーが適任かもしれないな

リーダーの役目は調整・誘導 マネージャーの役目は問題解決だ

わかった 資材調達に影響がないか至急調査する

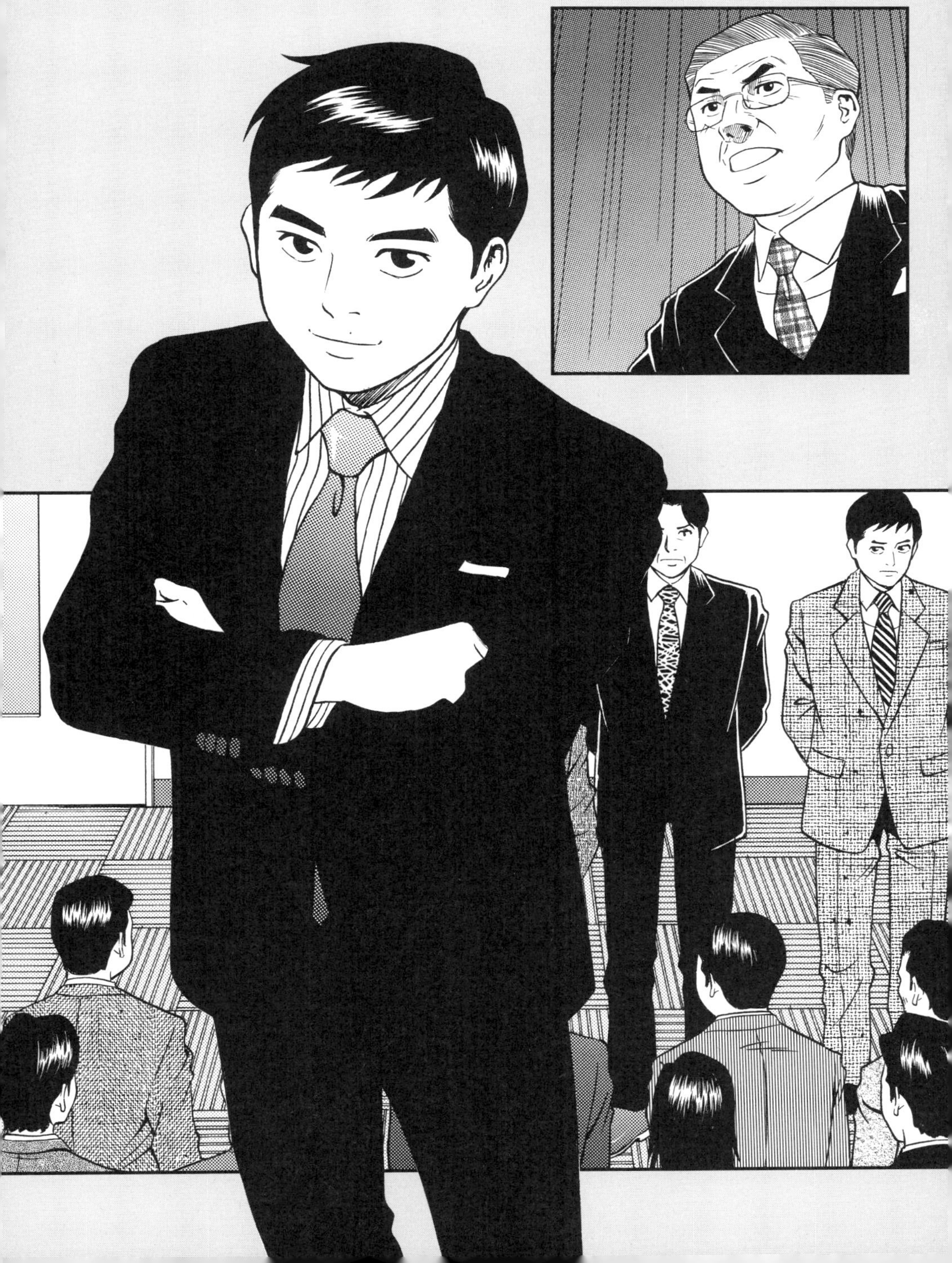

1 経営の成否はリーダーシップで決まる

POINT 社長ひとりががんばっても、会社がうまくいくとは限らない。社員一人ひとりが自主性を発揮し、リーダーシップをとることで、会社はうまく進むのである。

いまやリーダーシップの質も変化している

高度成長時代、日本経済は右肩上がりの躍進を続けた。当時はモノやサービスを市場に投入すれば売れるし、儲かる時代であった。組織もピラミッド式に構成し、トップダウン型の指揮・命令型のマネージメントを徹底すればよかった。

極論すれば、リーダーシップを求められるのはトップだけで、現場はトップの指示・命令を、いかに早く実行するか、という「従順さ」を基本にするマネージメントで十分だった。

ところが、企業環境の激変に伴い、顧客ニーズが多様化・高度化し、現在では求められるリーダーシップの質も変化している。現場は「決められたこと」をそのまま実行するだけでは足りず、「自分で考え、行動する」という自発性・自主性が求められるようになってきた。

リーダーシップとフォロワーシップ

かつてのリーダーシップ論ではリーダーシップとフォロワーシップという関係で論じられることが多かった。

フォロワー（部下・従う者）はフォロワーとしての責任と役割を果たせばよかったが、近年、リーダーシップは経営トップ、役員・管理職はもちろん、一般社員も発揮しなければならないものに変化してきた。「全員がリーダーの時代」がやってきたといえる。

第7章 人と組織を動かす指導力——リーダーシップ

リーダーとフォロワーの変化

かつては、「リーダーが指揮をとり、フォロワー（部下・従う者）が従う」というマネジメントが主流だったが、顧客ニーズが多様化・高度化している現在、そのスタイルが変わってきている。

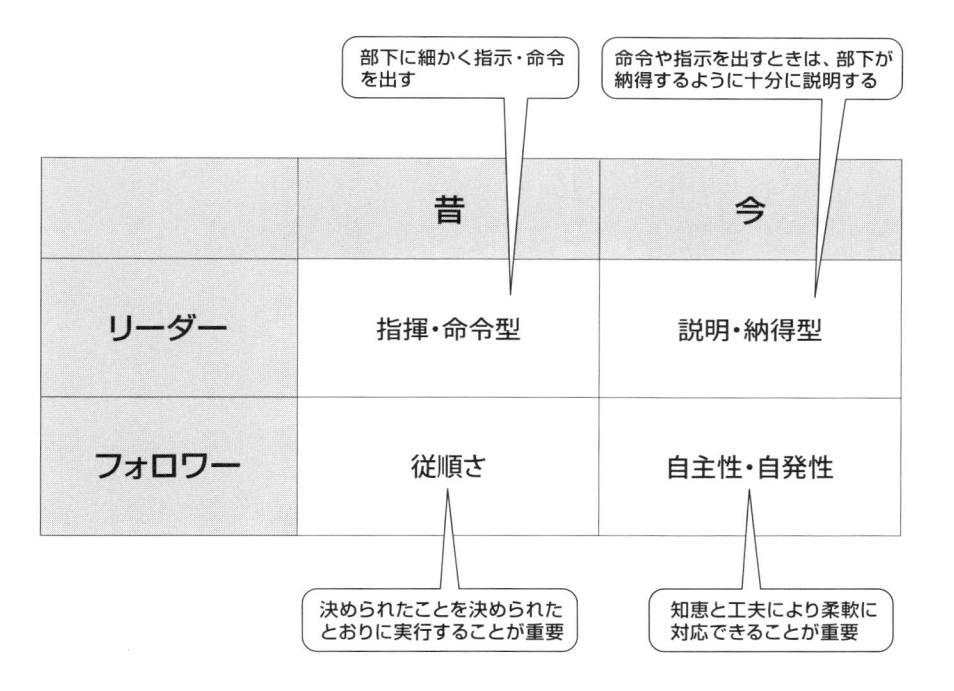

	昔	今
リーダー	指揮・命令型	説明・納得型
フォロワー	従順さ	自主性・自発性

- 指揮・命令型：部下に細かく指示・命令を出す
- 説明・納得型：命令や指示を出すときは、部下が納得するように十分に説明する
- 従順さ：決められたことを決められたとおりに実行することが重要
- 自主性・自発性：知恵と工夫により柔軟に対応できることが重要

組織の成果はマネージャーの力量にかかっている

しかし部下の自主性も重要な要素だ

2 リーダーにカリスマ性は必要か

POINT 人をひきつけるカリスマ性は影響力の源泉ではあるが、社員を間違った方向へ導く場合も多い。カリスマ性がリーダーシップであるとの認識は誤りだ。

カリスマ型リーダーには効用も毒もある

　社長のカリスマ性が高いに越したことはない。トップは会社を代表する「顔」だからだ。「会社の顔」として広く世の中に影響を与えることも重要だし、社員の志気を高めることもできる。

　もっとも、カリスマ性の高い社長が経営すれば、会社がうまくいくとは限らない。カリスマには効用も毒もあるからだ。カリスマ型リーダーに率いられた組織は、いったん誤った方向に進んでしまうと、後戻りができなくなる。

　長くカリスマ性の高いリーダーが経営を続けると、部下が意見をいえない組織になってしまう。権力は人や組織を腐らせる魔力をもっており、判断力を鈍らせる要素ともなるからだ。組織はカリスマ性ではなく、リーダーシップで引っ張らなければならない。

カリスマ

　カリスマは「(神の)賜物」を意味するギリシャ語「カリス」に由来する。周囲やフォロワーに特別な影響力を持ち、陶酔的な熱狂を呼び起こす人物を指す。

　しかし、カリスマの周りにいる人は、合理的な判断ができなくなり、盲目的に従いがち。強固な組織をつくろうと思うなら、社員一人ひとりに企業活動を通じて「社会的責任」を負っていることを自覚させ、判断力を培わせることが重要だ。

第7章　人と組織を動かす指導力——リーダーシップ

カリスマ型リーダーのメリット・デメリット

　カリスマ型リーダーの組織は、大きな影響力を持っていることが強みだが、判断力を備えていない部下が多くなる危険性をも併せ持っている。

メリット
- 「会社の顔」として、大きな影響力を持つ
- 会社の知名度がアップする
- 社員の志気を高める

デメリット
- いったん間違った方向に進むと、なかなか後戻りができない
- 部下が意見をいえない
- 部下の判断力を鈍らせる

> 従業員が判断力をもっていないと、組織としての成長性が望めない。会社は経営者一人の力で成り立っているわけではなく、従業員の力で成り立っているからだ。

> リーダーシップの本質は人を動かす影響力だ その意味でカリスマ性は確かに重要だ

> しかし　組織があらぬ方向へ進んだり　物言わぬ社員が増えてしまっては　本末転倒だ

③ リーダーとマネージャーの役割は異なる

> **POINT** リーダーとマネージャーは異なる使命と役割を持つが、混同されることが多い。違いを理解したうえで、両方のスキル・能力を身につける必要がある。

リーダーの役割は価値観のマネージメント

　リーダーとマネージャーは異なるにもかかわらず、多くの人が同一視している。リーダーの役割は「価値観を共有させ、社員の力を結集すること」だ。社員・部門がバラバラなことをやっていては組織の力を発揮しにくいが、個性に富んだ社員・部門をまとめあげるのは難しい。リーダーに必要な資質は、論理的に矛盾し合う複数の価値を受け入れる懐の深さであり、その矛盾を会社や組織の目的・役割に照らし合わせて**調整・誘導**していくことだ。

　一方、マネージャーの役割は**問題解決**である。業務がうまく進んでいるかどうかを、きちんと管理しなければならない。業務のプロセスを設計、遂行し、適切なタイミングで見直し、どこに問題が起きているかを発見し、解決方法を考え、実行することが求められる。

マネージメントの対象

　多くの場合、リーダーが同時にマネージメントを果たさなければならないために役割を混同し、部下もリーダーに対する期待とマネージャーに対する期待を混同するために誤解が生じる。

　リーダーの使命は「価値観」のマネージメントであり、マネージャーの使命は「最大の結果を出すこと」である。端的にいえば、リーダーの役目は調整・誘導、マネージャーの役目は問題解決といえる。

第7章 人と組織を動かす指導力──リーダーシップ

リーダーの役割とマネージャーの役割

　リーダーの役割は社員を結集することに対し、マネージャーは業務がうまく進んでいるかどうかを管理し、問題があれば解決策を考え、実行することである。

	マネージメントの対象	
	人	業務
リーダー	社員の力の結集（団結）	価値観を共有させ調整・誘導する
マネージャー	一人ひとりの個性・能力の発揮	問題解決

組織が間違った方向に進んでいる場合、すぐに軌道修正をさせる即応性がリーダーには求められる。

リーダーの役目は調整・誘導　マネージャーの役目は問題解決だ

人望の厚いキミはリーダー向きだな　そしてオレはマネージャーが適任かもしれないな

Leadership

④ 管理型マネージャーから変革型リーダーへ

POINT 企業環境の変化で求められる指導者像も大きく変わってきた。指示待ちの管理型マネージャーではなく、変革型リーダーを育成すべきだ。

変化に適応できるものだけが生き残る

「管理」するだけでは組織を発展・成長・維持させていくことは難しい。人材育成のベクトルも「管理型」ではなく、「**変革型**」を目指すべきだ。あれこれ指図されなくても、自分の頭で仕事のやり方を見直し、社会貢献の意義を理解し、顧客の声を仕事に反映させていく人材を育てていくことが重要になる。

なぜなら、これからの時代は「強いものが生き残る」のではなく、「**変化に適応できるものだけが生き残る**」からだ。

変化が速い時代には、組織全体の意思決定のスピードが事業の成否、ひいては組織の存続を決定してしまう。したがって、トップだけが環境の変化を感じ、会社の方向性を変える意思決定をするのではなく、社員全員が行動に移す力を持った組織づくりが必要不可欠となる。

健全な危機感

環境の変化に適応するためには常に「健全な危機感」を持っていなければならない。企業の前には自然災害も含め、経済危機、業績不振など、多くの危機が横たわっている。

ひと昔前のような「言われたことをきちっとやる」というだけの組織では危機に直面したときに対応できない。社会に対してリーダーシップを発揮していける人材をいかに多く確保するかが今後の経営のテーマとなるだろう。

第7章　人と組織を動かす指導力——リーダーシップ

変化に適応できる組織づくり

×　「言われたことをきちっとやる」というだけの組織
→ 変化の速い時代に対応できない

○　社員全員が変化を行動に変える力を持った組織
→ 変化に即応し、会社は成長・発展する

> 変化の速い時代では、組織全体の意思決定のスピードが事業の成否を決める。トップだけが環境の変化を感じて適応するのではなく、社員全員が主体的に適応できる組織づくりが必要だ。

> 緊急でお伝えしたいことがありまして……
> A社が物流システムを大幅に変更するそうです
> わかった　資材調達に影響がないか至急調査する

変化に対応できる社員を持つことが、会社の成長につながる。

5 企業文化の醸成が最重要課題

POINT リーダーシップを発揮する（発揮させる）ためには企業文化の醸成が最重要課題。まずは経営理念をつくり、繰り返し語ることだ。

社長が意識すべきものは価値観の共有

　会社が「人」で成り立っている限り、社長が最も意識しなければならないのは価値観の共有だが、これを実現するために必要になるのが、企業文化の醸成だ。

　企業文化とは、価値観を共有させる土壌のことで、最も端的に表れるのが経営理念。会社を構成する一人ひとりが経営理念を自分のなかにたたき込めば、自然に価値観の共有がはかられる。まずは経営理念にまで立ち戻り、繰り返し語ることが大切だ。

　一方、リーダーとマネージャーは会社全体の価値観を伝え、それを実現するための方法を考える必要がある。具体的には、目標と目的を明示し、「仕事のプロセス」を可視化（見える化）し、評価し、体系化・標準化していくことが求められる。

経営者・管理者の役割

　経営者と管理者は「結果の最大化（会社の存続・発展）」を実現するとともに、「顧客価値の最大化（顧客満足）」に努めなければならない。

　会社全体の価値観を伝え、メンバーを巻き込みながら、最適な仕事のやり方を常に考え、実行していかなければならない。また、優先すべき仕事とそうでない仕事の判別も重要だ。結果の出ない仕事はやめ、結果の出る仕事に集中させる必要がある。

企業文化の醸成が価値観の共有につながる

企業文化とは価値観を共有させる土壌のことで、これが成文化されたものが経営理念。経営理念を繰り返し語ることで、価値観の共有が自然とはかられるのだ。

企業文化

経営理念を具現化していく過程で形成されていく社員全体の価値基準

↓ 成文化

経営理念

会社の目標・目的。存在価値を言葉で表した企業全体の価値基準

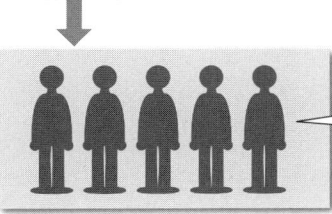

→ 価値観の共有

6 よきリーダーになるためには動機づけを理解せよ

POINT 欲求・願望は「やる気」と密接に結びついている。よきリーダーになるためには人間心理や動機づけの理論も理解しておかなければいけない。

欲求・願望があるから、人は行動を起こす

　よいリーダーになるためには、人間に対する深い理解が必要だ。どんな組織でも、目標・目的に向かって一丸となって進むことが必要だが、「一丸」を実現するには人間の心の動きを理解することが重要になる。

　人が行動を起こす際は前提となる欲求・願望が存在する。おなかが空いて食べたいから食べるのであって、おなかがいっぱいのときは食べる気が起こらない。

　仕事も同じだ。欲求があって初めて人は仕事に取り組み、その欲求が充たされると仕事への意欲がわく。これを仕事に対する**動機づけ（モチベーション）**という。

　モチベーションの種類と発生のしくみを正しく理解しないと、リーダーシップは発揮できない。ぜひ頭に入れておこう。

欲求とモチベーション

　いろいろな説があるが、人の欲求を分類すると、「力・価値の欲求」「自由の欲求」「愛・所属の欲求」「楽しみの欲求」「生存の欲求」の5つの基本的欲求がある、という説が一般的。

　基本的欲求は人によって強弱が異なるが、充たされるとモチベーションがあがる点は共通している。したがって、リーダーはメンバーの基本的欲求を充たすようにマネジメントする必要がある。

第7章　人と組織を動かす指導力——リーダーシップ

欲求の5段階

　人の欲求は、「力・価値の欲求」「自由の欲求」「愛・所属の欲求」「楽しみの欲求」「生存の欲求」の5つに分類される。

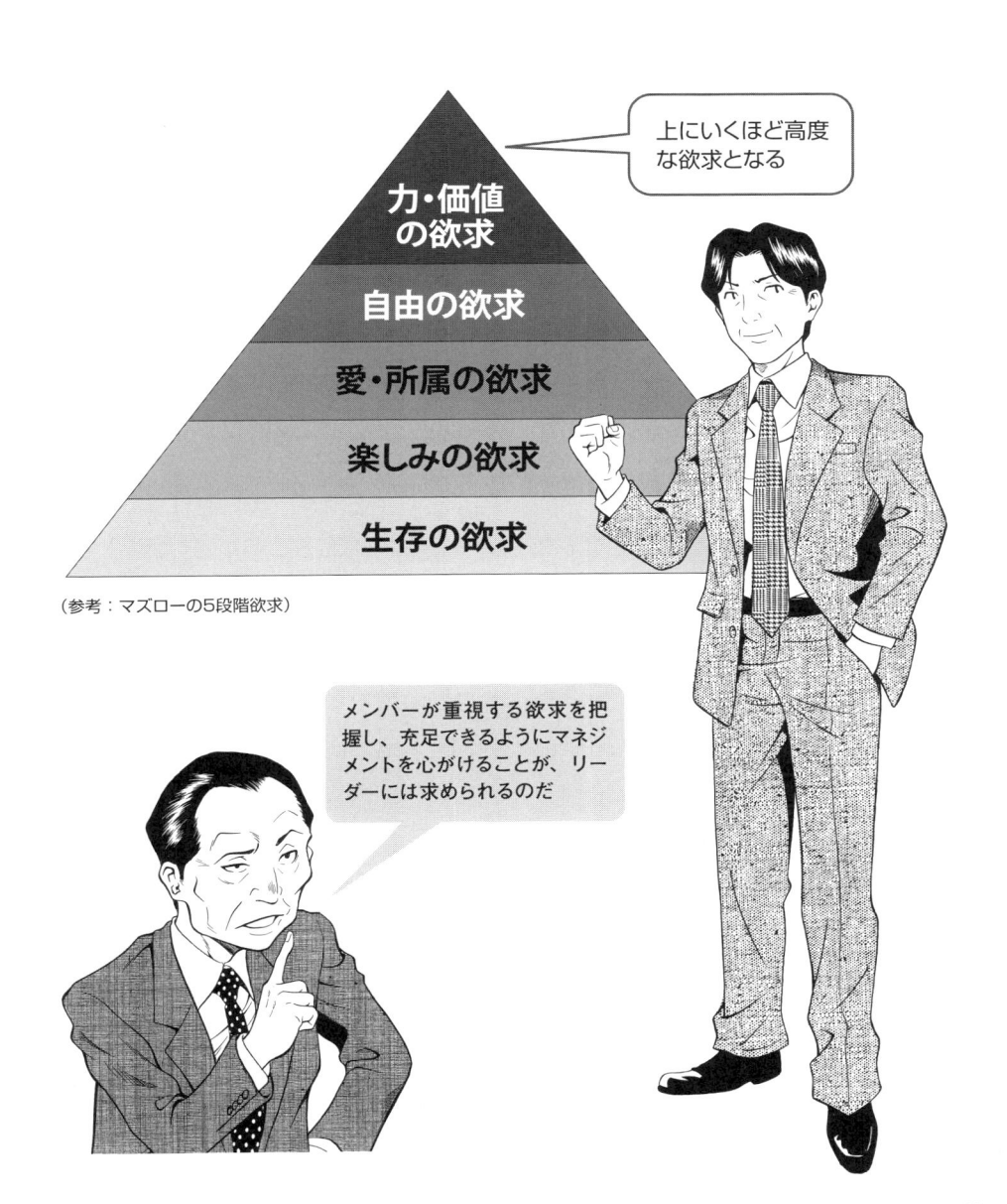

ピラミッド図（上から下へ）：
- 力・価値の欲求
- 自由の欲求
- 愛・所属の欲求
- 楽しみの欲求
- 生存の欲求

上にいくほど高度な欲求となる

（参考：マズローの5段階欲求）

メンバーが重視する欲求を把握し、充足できるようにマネジメントを心がけることが、リーダーには求められるのだ

7 結果を出すためには目標・目的を明確にせよ

POINT 結果と成果を混同してはならない。結果を出すためには目標・目的を明確にすること。目標・目的を示すこともリーダーの大事な役割だ。

明確な「仕事のやり方＝プロセス」を設計する

組織の目的は最大の結果を出し続けることであるが、結果はあくまでも成果の積み重ね。着実に成果を積みあげていくことで、最大の結果を生み出すことができる。そのために、まず必要なことは**目標・目的**を明確にすること。目標・目的のない組織はゴール・道筋のないマラソンのようなもので、待ち受けるものは疲弊という泥沼である。

次に、目標に向かうための明確な「仕事のやり方＝プロセス」を示す必要がある。不合理で不明確な仕事は成果につながらず、個々のメンバーだけではなく、組織全体のやる気を阻害する。そうした組織は失敗をおそれるあまり保守的な傾向が強くなるか、逆にムダな競争に陥ったりするものだ。そうならないためにも、プロセスは必ず明示するようにしよう。

公平・公正な評価

リーダーシップの面からいえば、結果につながる良い成果には、きちんと「良い」と承認・評価し、悪い成果には「悪い」と評価しなければいけない。

えこひいきをせず、公平・公正に判断を下すことが不可欠となる。そうしたことができるリーダーに率いられた組織はメンバー全員が自律的で、建設的なコミュニケーションも活発。メンバーのリーダーシップも自然と発揮されている。

目的達成までのプロセス

目標とは目的を細分化したもので、中間的な目的のこと。目的達成とは、目標達成の積み重ねで実現するものである。

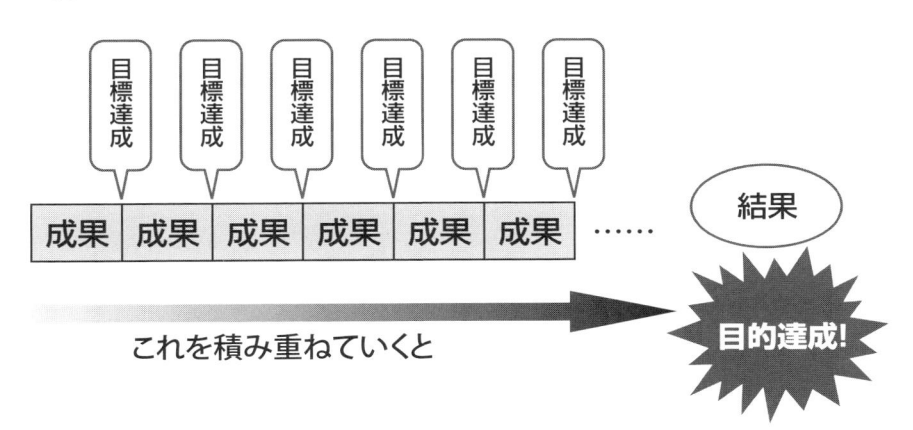

```
[目標達成][目標達成][目標達成][目標達成][目標達成][目標達成]
  ↓        ↓        ↓        ↓        ↓        ↓
| 成果 | 成果 | 成果 | 成果 | 成果 | 成果 | ……     結果
```

これを積み重ねていくと → **目的達成!**

えー わが社の来年度の目標ですが……

社員には前年の倍の売り上げを目指して頑張ってもらいたいと思っております

え? 前年の倍?

具体的な戦略が提示されてないけど本当に実現できるのかね

Leadership

8 優れたリーダーは権力ではなく、影響力で人を動かす

POINT 優れたリーダーは英雄的リーダーではない。命令的な権力を行使するのではなく、説得やアドバイスなど影響力で人を動かすリーダーであれ。

■失敗を素直に認め、すぐに修正していくリーダーに

　企業における優れたリーダーとは担当する仕事・役割によって異なるが、ひとことでいえば、組織全体を最大の結果に導く力を持った人といえる。何も特別な能力を必要としているわけではない。正しい結果を生み出す正しいプロセスを設計・管理し、成果を公平・公正に評価し、失敗を素直に認め、すぐに修正していく判断力と決断力、行動力を持った人のことだ（もちろん、簡単ではないが）。

　その力は先天的なものではない。どんな人でも仕事を通じて身につけることが十分に可能である。たとえば会社全体が目指す「目標」「目的」「方向性」をいつも考え、メンバーに伝え、「権力」ではなく、「影響力」で人を動かしていくことを継続的に身につけようと努力している人は、優れたリーダーへの道を着実に歩んでいる。

非金銭的な報酬

　ピーター・F・ドラッカーは「報酬は貢献に対して与えられるべきである。単なる努力は称賛の的にすぎない」と述べた。注意してほしいのは、ここでいう報酬とは、何も金銭的なものだけではないということだ。

　最近では、非金銭的な報酬のほうが注目されている。たとえば「仕事の報酬は仕事でもらえ」という言葉がある。この場合は、次の仕事＝信頼が報酬ということになるだろう。

第7章　人と組織を動かす指導力——リーダーシップ

リーダーの条件

（現時点でリーダーの人が）優れたリーダーになるための条件と、（現時点でリーダーでない人が）リーダーになるための条件は若干異なる。

優れたリーダーになるための条件

1. 正しい結果を生み出す正しいプロセスを設計・管理する
2. 成果を公平・公正に評価する
3. 失敗を素直に認め、すぐに修正していく判断力と決断力、行動力を持つ

リーダーになるための条件

1. 会社全体が目指す「目標」「目的」「方向性」をいつも考える
2. 会社の目指すもの、方向性をメンバーに伝える
3. 「権力」ではなく、「影響力」で人を動かしていくことを継続的に身につけようと努力する

おわりに

会社を発展させるために必要なこと

　グローバル化が進み、我々を取り巻く環境変化のスピードが加速している。少子高齢化問題や地球環境問題など、社会問題も増える一方だ。

　こうしためまぐるしい状況でも、時間は刻々と過ぎ去っていく。経営の本質が優位性の確立であるならば、限られた時間を会社全体でいかにうまく活用し、差をつけていくか、という課題にぶつかるだろう。

　その課題解決のために、「今の組織体制に問題はないか」「この業務の進め方は非効率的ではないか」という見直しの発想をすべての従業員が持つことが重要だ。

　また、会社は無機質な存在ではない。多くの顧客や従業員、取引先、株主等の夢や希望、そしてこれら関係者の生活そのものに大きく関与している。それもわからない人間に、良い仕事などできない。なぜならば世の中には、一人の力ではなしえないことのほうが多く存在し、人々の協力なしには乗り越えられないからだ。だからこそ「会社を良くしていこう」「社会に貢献しよう」という従業員全員の想いが必要不可欠だ。

　会社を継続的に発展をさせるために必要なのは、現状に甘んじることのない向上心だ。そしてそれこそが、必要とされる人材となるための基盤なのだ。

> どんなに業績が好調なときでも組織や業務の見直しは大切だ。従業員一人ひとりが意識していくことで、会社はもっと発展できるぞ！

今後世界市場を視野に入れて新体制で臨みたいと思いますそのためには……

索引

あ

アウトバウンド······································ 88、89
安定期··· 33
委員会設置会社································· 29
移行ツリー·· 95
意思決定権限································ 46、47
異動·· 50、51、56
インバウンド······································ 88、89
ウォンツ······································ 102、103
営業プロセス······························· 120、121
エリア·· 112、113

か

開業率·· 27
解雇·· 50、51
回収·· 97
改善··· 64、65
外部環境(分析)··························· 108、109
価格設定······················ 106、107、118、119
囲い込み戦略································ 114
加工················ 66、67、82、83、85、87、97
株式会社·· 24
株主総会···································· 28、29
カリスマ······································ 154、155
環境マネージメント······················· 64、65

監査委員(会)······························· 28、29
監査部門······································ 28、29
監査役(会)·· 28
カンバン方式·························· 64、65、90、91
管理職··· 34、35
管理図·· 75
管理範囲·· 46、47
関連型··· 142
企業ブランド····································· 44
企業文化············ 13、23、44、45、160、161
機能別組織································· 48、49
希望退職····································· 50、51
規模型事業································ 136、137
競争優位(性)························ 134、135、136
競争優位戦略································· 135
経営計画···································· 22、23
経営資源················ 30、31、130、144、145
経営者············· 18、19、35、36、37、79、160
経営戦略···························· 14、15、22、23、
                           128、130、131、132、133
経営破綻····································· 38、39
経営理念······························ 12、14、15、22、
                           23、44、54、131、149、161
経験効果··· 144
顕在ニーズ······································ 104
現状問題構造ツリー······················ 94、95
健全な危機感································· 158

コア・コンピタンス ………………………… 56
行動計画 …………………………………… 22、23
顧客の購買行動 …………………… 112、113
個人主義的競争文化 ………………… 44、45
コスト管理 ……………………… 64、65、74
コストマネージメント ……………………… 50
コストリーダーシップ戦略 ……………… 135
コトラー ………………………………… 100、138
コンプライアンス ………… 64、65、78、79

さ

サイコグラフィックス ……………… 112、113
最低資本金制度 …………………………… 24
最適化 ……………………………………… 66
採用 ………………………………… 50、51、56
サプライチェーンマネージメント（SCM） 86、87
差別化（戦略・要因）……………… 135、145
散布図 ……………………………………… 75
仕掛けカンバン ………………………… 90、91
指揮命令系統 ……………………………… 46、47
事業戦略 ………… 131、133、134、136、137
事業部制組織 ……………………………… 48、49
事業領域 ……………………………… 132、133
資金 ………………………………………… 30
資金繰り …………………………………… 38
資源配分戦略 …………………………… 144

市場開発戦略 …………………… 140、141
市場細分化 ……………………………… 112
市場浸透戦略 …………………… 140、141
市場占有率 ……………………………… 116
執行役 …………………………………… 29
資本家 …………………………………… 19
資本金 …………………………………… 24
指名委員会 ……………………………… 29
ジャストインタイム …………… 64、65、90
社内環境 ………………………………… 109
集中戦略 ………………………………… 135
受注 ………………………………… 66、67
受注生産企業 …………………………… 82
出資者 ………………………………… 18、19
商業登記法 ……………………………… 24
商業登記簿謄本 ………………………… 24
小工程 ……………………………… 68、69
昇進 ………………………………… 50、51
蒸発する雲 ……………………… 94、95
消費財マーケティング ………… 126、127
自律型組織 ……………………………… 96
人員配置 …………………………… 50、51
新規開業の失敗率 ……………………… 27
深耕 ……………………………………… 122
人的資源 ………………………………… 30
ステークホルダー ……………………… 21
生産管理 ……………… 14、15、64、65、74

生産計画··············· 64、65、76、77
生産財マーケティング ········ 126、127
成熟期················· 33、34、36
成長期··················· 28、33
成長持続志向文化············ 44、45
製品開発················ 118、119
製品開発戦略·············· 140、141
制約条件理論··············· 92、94
セグメンテーション　106、107、112、113、115
セグメント··············· 112、113
設計·················· 66、67、82
設立登記····················25
潜在ニーズ··············· 104、105
前提条件ツリー················95
戦略策定プロセス·············· 149
創業期········· 18、20、22、24、26、33
相乗効果(シナジー)············ 144
操作··················· 68、69
層別······················75
底上げ·····················93
組織設計················· 46、47
ソリューション営業··········· 124、125

た

ターゲッティング······· 106、107、114、115
大工程·················· 68、69
多角化(戦略)············ 141、142、143
チェックシート················75
知的資産マネージメント··········· 50
チャレンジャー············ 138、139
中核対立の雲··············· 94、95
中工程·················· 68、69
調達··········· 66、67、82、83、85、87、97
定款·················· 24、25
定款認証····················25
定性評価····················58
定量評価····················58
手づまり型事業············ 136、137
デモグラフィックス·········· 112、113
登記申請····················25
動機づけ··················· 162
倒産·················· 38、39
投資家·····················19
特性要因図··················75
特化型事業··············· 136、137
ドラッカー·················· 166
取締役(会)············· 25、28、29

な

内部環境(分析)············ 108、109
内部統制················ 64、65
ニーズ······· 102、103、104、105、114、126

索引

ニッチ市場 …………………………… 116
ニッチャー ……………………… 138、139
ネガティブランチ ………………………… 95
納期管理……………………… 64、65、74、76
納品…………………………………… 66、67

は

廃棄……………………………………… 97
廃業……………………………………… 38
廃業率…………………………………… 27
配送 ………………………… 82、83、85、87、97
破産手続………………………………… 39
バリューチェーン ………………… 110、146
パレート図 ……………………………… 75
販売 ………………………… 82、83、85、87、97
販売促進……………………… 106、107、118、119
非営利組織マーケティング …………… 127
東インド会社 …………………………… 19
非関連型 ……………………………… 142
引き取りカンバン ………………… 90、91
ビジョン …… 12、14、15、22、23、54、131、149
ヒストグラム …………………………… 75
非ボトルネック ………………… 92、94、95
品質管理 …………………… 64、65、74
フォロワー ………………… 138、139、153
フォロワーシップ ……………………… 152

物的資源………………………………… 30
物流管理…………………… 82、83、84、85
プロセスマネージメント 70、88、106、120、121
プロダクトアウト ……………………… 84
分散型事業……………………… 136、137
報酬委員会……………………………… 29
保管 ………………………… 82、83、85、87、97
ポジショニング ……… 106、107、115、116、117
星取り表 ………………………………… 57
募集設立………………………………… 24
発起設立………………………………… 24
発起人…………………………………… 24
ボトルネック ………………… 92、93、94、95

ま

マーケットイン ………………………… 84
マーケティング … 14、15、100、101、104、106
マーケティング・ミックス … 106、107、118、119
マイケル・E・ポーター …………… 110、135
マクロ環境（分析）… 106、107、108、109、110
マズローの5段階欲求説 ………… 102、163
マトリクス型組織 ………………… 48、49
マネージメント ……………… 42、156、157
マネージャー ………… 96、156、157、160
ミクロ環境（分析）… 106、107、108、109、110
見込み客………………………… 106、121

173

索引

見込み生産企業…………………………… 82
未来構造ツリー …………………… 94、95
ムダどり ………………………………… 70
目標管理（MBO） ……………………… 60
モチベーション ………………………… 162

ら

ライフサイクル ……………… 33、130、143
リーダー … 138、139、153、154、156、162、166
リーダーシップ ………………… 14、15、152
リサイクル ……………………………… 97
リストラ ………………………………… 50
流通チャネル …………… 106、107、118、119
連関図…………………………………… 75
ロイヤル顧客 …………………… 114、122
ロジスティックス ……… 14、15、84、85、86、
87、88、89、96、97
ロジスティックス・マネージャー ……… 96

アルファベット・数字

PDCAサイクル………………… 72、73、75
QC7つ道具 …………………………… 75
SWOT分析 …………… 106、107、110、111
WIN－WINの関係………………………… 124

参考文献

『マネジメント』上・中・下　ピーター・F・ドラッカー著　（ダイヤモンド社）
『サーバント リーダーシップ論』　髙橋佳哉、村上力 著　（宝島社）
『ブランディング22の法則』　アル・ライズ、ローラ・ライズ著　（東急エージェンシー）
『マーケティング22の法則』　アル・ライズ、ジャック・トラウト著　（東急エージェンシー）
『コトラーのマーケティング講義』　フィリップ・コトラー著　（ダイヤモンド社）
『今日から即使えるマーケティング戦略50—こうすれば勝てる!(明快!図解講義)』　中野明著　（朝日新聞出版）
『MBAマネジメント・ブック』　株式会社 グロービス編著　（ダイヤモンド社）
『経営戦略論』　石井淳蔵、奥村昭博、加護野忠男、野中郁次郎 著　（有斐閣）
『勝てる! 戦略営業術』　工藤龍矢著　（PHPビジネス新書）
『伝説の外資トップが説くリーダーの教科書』　新将命 著　（武田ランダムハウスジャパン）
『魅力的な組織を創るリーダーのための「自律」と「モチベーション」の教科書〜大手企業がこぞって導入する新しい人材育成メソッド』　真田茂人著　（CEO BOOKS）
『コトラー＆ケラーのマーケティング・マネジメント第12版』　フィリップ・コトラー、ケビン・レーン・ケラー著　（プレジデント社）
『非営利組織のマーケティング戦略』　フィリップ・コトラー、アラン・R・アンドリーセン著　（第一法規）
『リーダー・パワー』　ジョセフ・S・ナイ著　（日本経済新聞出版社）
『サプライチェーン・ロジスティクス』　ドナルド・J・バワーソクス、M・ボクシビィ・クーパー、デビット・J・クロス著　（朝倉書店）
『サプライチェーンの経営学』　DIAMONDハーバード・ビジネス・レビュー編集部　（ダイヤモンド社）
『ザ・ゴール』　エリヤフ・ゴールドラット著　（ダイヤモンド社）
『ザ・ゴール2　思考プロセス』　エリヤフ・ゴールドラット著　（ダイヤモンド社）
『ゼミナール経営学入門』　伊丹敬之、加護野忠男著　（日本経済新聞出版社）
『ビジネス・ゼミナール　会社人事入門』　清水勤著　（日本経済新聞出版社）
『ビジネス・ゼミナール　会社の読み方』　松田修一著　（日本経済新聞出版社）
『マーケティングの管理と診断』　徳永豊、森博隆、井上崇通編著　（同友館）
『資源ベースのヒューマン・リソース・マネジメント』　伊藤健市著　（中央経済社）
『生産管理がわかる事典』　菅又忠美、田中一成編著　（日本実業出版社）
『内部統制の知識』　町田祥弘著　（日経文庫）
『ロジスティクス入門 』　中田信哉著　（日経文庫）
『ロジスティクス用語辞典』　日通総合研究所編　（日経文庫）
『サプライチェーン経営入門』　藤野直明著　（日経文庫）
『工程管理の知識』　倉持茂著　（日経文庫）
『ベーシック生産入門』　谷津進著　（日経文庫）
『物流の知識 第３版』　宮下正房、中田信哉著　（日経文庫）
『サプライチェーン18の法則』　今岡善次郎著　（日本経済新聞出版社）
『実例でわかるサプライチェーン経営』　岡本広夫著　（ぱる出版）
『ロジスティクス工学』　久保幹雄著　（朝倉書店）
『会社コンプライアンス』　伊藤真著　（講談社現代新書）
『経営学辞典』　占部都美編著　（中央経済社）
『生産管理がわかる事典』　菅又忠美、田中一成著　（日本実業出版社）
『やさしい物づくりの基礎』　株式会社 富士電機能力開発センター編　（オーム社）
『ヒューマンエラーを防ぐ技術』　河野龍太郎編　（日本能率協会マネジメントセンター）
『コストダウン50のチェックノート』　平居徳康著　（PHP研究所）
『絵でみるマーケティングのしくみ』　安田貴志著　（日本能率協会マネジメントセンター）
『競争の戦略』　マイケル・E・ポーター著　（ダイヤモンド社）

小松弘明（こまつ　ひろあき）

ソフトブレーン・サービス株式会社取締役会長。日本売れる仕組みづくり一般財団理事。1961年高知県生まれ。84年早稲田大学法学部卒業後、三和銀行（現三菱東京UFJ銀行）に入行。2000年ソフトブレーン入社、07年より現職。16年間の都市銀行勤務後、ビジネス書のベストセラー『やっぱり変だよ日本の営業』の著者、宋文洲と5年間でソフトブレーン株式会社を一部上場企業に成長させる。銀行員時代を含め、数多くの企業経営者からの相談を受けるなど、営業プロセス構築に関するコンサルティングで中堅・中小ベンチャー企業の経営者からの支持も高い。国立高知大学の非常勤講師も務める。著書に『営業マン支援のスゴい仕組み―儲けてる会社のwebマーケティング』（ダイヤモンド社）、『宋文洲直伝　売れる組織』（日経BP社）がある。

装幀	石川直美（カメガイ デザイン オフィス）
装画	弘兼憲史
本文漫画	フクダ地蔵
本文デザイン	高橋デザイン事務所（高橋秀哉）
協力	岡林秀明
編集協力	ヴュー企画（池上直哉　西澤直人）
編集	鈴木恵美（幻冬舎）

知識ゼロからの会社の見直し方

2010年7月30日　第1刷発行

著　者　小松弘明
発行人　見城　徹
編集人　福島広司
発行所　株式会社 幻冬舎
　　　　〒151-0051　東京都渋谷区千駄ヶ谷4-9-7
　　　　電話　03-5411-6211（編集）　03-5411-6222（営業）
　　　　振替　00120-8-767643
印刷・製本所　株式会社 光邦

検印廃止

万一、落丁乱丁のある場合は送料小社負担でお取替致します。小社宛にお送り下さい。
本書の一部あるいは全部を無断で複写複製することは、法律で認められた場合を除き、著作権の侵害となります。
定価はカバーに表示してあります。
©HIROAKI KOMATSU, GENTOSHA 2010
ISBN978-4-344-90195-7 C2034
Printed in Japan
幻冬舎ホームページアドレス　http://www.gentosha.co.jp/
この本に関するご意見・ご感想をメールでお寄せいただく場合は、comment@gentosha.co.jpまで。